上海智库报告文库
SHANGHAI ZHIKU BAOGAO WENKU

绿金相融

长三角绿色金融发展创新

李志青 胡时霖 著

上海人民出版社

编审委员会

序

    智力资源是一个国家、一个民族最宝贵的资源。建设中国特色新型智库，是以习近平同志为核心的党中央立足新时代党和国家事业发展全局，着眼为改革发展聚智聚力，作出的一项重大战略决策。党的十八大以来，习近平总书记多次就中国特色新型智库建设发表重要讲话、作出重要指示，强调要从推动科学决策、民主决策，推进国家治理体系和治理能力现代化、增强国家软实力的战略高度，把中国特色新型智库建设作为一项重大而紧迫的任务切实抓好。

    上海是哲学社会科学研究的学术重镇，也是国内决策咨询研究力量最强的地区之一，智库建设一直走在全国前列。多年来，上海各类智库主动对接中央和市委决策需求，主动服务国家战略和上海发展，积极开展研究，理论创新、资政建言、舆论引导、社会服务、公共外交等方面功能稳步提升。当前，上海正在深入学习贯彻习近平总书记考察上海重要讲话精神，努力在推进中国式现代化中充分发挥龙头带动和示范引领作用。在这一过程中，新型智库发挥着不可替代的重要作用。市委、市政府对此高度重视，将新型智库建设作为学习贯彻习近平文化思想、加快建设习近平文化思想最佳实践地的骨干性工程重点推进。全市新型智库勇挑重担、知责尽责，紧紧围绕党中央赋予上海的重大使命、交办给上海的重大任务，紧紧围绕全市发展大局，不断强化问题导向和实践导向，持续推出有分量、有价值、有思想的智库研究成果，涌现出一批具有中国特色、时代特征、上海特点的新型智库建设品牌。

"上海智库报告文库"作为上海推进哲学社会科学创新体系建设的"五大文库"之一，是市社科规划办集全市社科理论力量，全力打造的新型智库旗舰品牌。文库采取"管理部门＋智库机构＋出版社"跨界合作的创新模式，围绕全球治理、国家战略、上海发展中的重大理论和现实问题，面向全市遴选具有较强理论说服力、实践指导力和决策参考价值的智库研究成果集中出版，推出一批代表上海新型智库研究水平的精品力作。通过文库的出版，以期鼓励引导广大专家学者不断提升研究的视野广度、理论深度、现实效度，营造积极向上的学术生态，更好发挥新型智库在推动党的创新理论落地生根、服务党和政府重大战略决策、巩固壮大主流思想舆论、构建更有效力的国际传播体系等方面的引领作用。

党的二十届三中全会吹响了以进一步全面深化改革推进中国式现代化的时代号角，也为中国特色新型智库建设打开了广阔的发展空间。希望上海新型智库高举党的文化旗帜，始终胸怀"国之大者""城之要者"，综合运用专业学科优势，深入开展调查研究，科学回答中国之问、世界之问、人民之问、时代之问，以更为丰沛的理论滋养、更为深邃的专业洞察、更为澎湃的精神动力，为上海加快建成具有世界影响力的社会主义现代化国际大都市，贡献更多智慧和力量。

中共上海市委常委、宣传部部长　赵嘉鸣

2025 年 4 月

目　录

前　言

2020 年 9 月 22 日，习近平主席在第七十五届联合国大会一般性辩论上发表重要讲话。他强调："中国将提高国家自主贡献力度，采取更加有力的政策和措施，二氧化碳排放力争于 2030 年前达到峰值，努力争取 2060 年前实现碳中和。各国要树立创新、协调、绿色、开放、共享的新发展理念，抓住新一轮科技革命和产业变革的历史性机遇，推动疫情后世界经济'绿色复苏'，汇聚起可持续发展的强大合力。"

2020 年 10 月 29 日，中国共产党第十九届中央委员会第五次全体会议通过的《中共中央关于制定国民经济和社会发展第十四个五年规划和二〇三五年远景目标的建议》进一步提出"加快推动绿色低碳发展"，"强化绿色发展的法律和政策保障，发展绿色金融"，"降低碳排放强度，支持有条件的地方率先达到碳排放峰值，制定二〇三〇年前碳排放达峰行动方案"。

2023 年 10 月 30 日至 31 日，中央金融工作会议指出"要做好科技金融、绿色金融、普惠金融、养老金融、数字金融五篇大文章"。其中，绿色金融是以市场化机制践行环境治理的重要方式，旨在通过系列金融工具创设与金融机制安排，有效引导社会各类资源投向生态保护领域，从资本源头控制和改善生态环境，最终实现高质量发展。

2023 年 11 月 30 日，习近平总书记在上海主持召开深入推进长三角一体化发展座谈会并发表重要讲话。他强调："深入推进长三角一体化发展，进一步提升创新能力、产业竞争力、发展能级，率先形成更高层次改革开放新格局，对于我国构建新发展格局、推动高质量发展，以中国式现代化全面推进强国建设、民族复兴伟业，意义重大。要完整、准确、全面贯彻新发展理念，紧扣一体化和高质量这两个关键词，树立全球视野和战略思维，坚定不移深化改革、扩大高水平开放，统筹科技创新和产业创新，统筹龙头带动和各扬所长，统筹硬件联通和机制协同，统筹生态环保和经济发展，在推进共同富裕上先行示范，在建设中华民族现代文明上积极探索，推动长三角一体化发展取得新的重大突破，在中国式现代化中走在前列，更好发挥先行探路、引领示范、辐射带动作用。"

2024 年 7 月 18 日，中国共产党第二十届中央委员会第三次全体会议通过的《中共中央关于进一步全面深化改革、推进中国式现代化的决定》提出："完善实施区域协调发展战略机制。构建优势互补的区域经济布局和国土空间体系……推动京津冀、长三角、粤港澳大湾区等地区更好发挥高质量发展动力源作用，优化长江经济带发展、黄河流域生态保护和高质量发展机制。"

长江三角洲地区是我国经济发展最活跃、开放程度最高、创新能力最强的区域之一，在国家现代化建设全局和全方位开放格局中具有举足轻重的战略地位。"十三五"期间，长三角地区国内生产总值（GDP）上涨 62.05%，社会消费品零售总额增长 54%，进出口总额、城镇化率分别增长 36.42%、7.01%。

长三角地区作为长江经济带的龙头、带动全国经济发展的重要引擎，为了助力国家"双碳"目标尽早实现，更好推进长三角地区生态文明和经济社会建设协同发展，长三角地区理应率先在"生态治理"

中有创新，尤其是在绿色金融领域，运用金融工具加快环境治理进程。绿色金融是长三角一体化进程的重要举措之一，也是长三角41个城市将"绿水青山"有效转化为"金山银山"的工具之一。

为此，本书通过构建三个独立的指标体系，分别从绿色金融竞争力、绿色发展水平、零碳发展水平三个维度，衡量长三角地区绿色金融发展的水平和一体化进展。

通过对长三角城市群的绿色金融竞争力分析发现，随着长三角地区在绿色管理和环境管理上的工作进一步落实，绿色金融逐渐成为有力的发力点。横向与纵向对比结合可以发现，虽然各城市间的绿色金融政策制定、市场活力、保障措施等仍有较大差异，但整体趋于平衡发展。总体而言，近年来长三角在绿色金融的发展领域取得了显著成效，总体呈现高速度与高质量并举的良性发展趋势。

对长三角地区的绿色发展水平分析可以发现，长三角城市群绿色发展水平在空间上呈现不平衡的特点，省际差异以及城市间差异明显。

为了进一步评估长三角在实现"双碳"目标过程中的现状，本书通过构建零碳发展评估框架，对长三角地区的零碳发展水平进行了系统评价。评估结果表明，长三角41个城市间以及省际之间在零碳发展水平上的差异较为显著，同时，长三角城市经济发展与碳排放脱钩前后各指标贡献率也呈现出明显差异。应充分利用长三角一体化协同效应，在现有基础上加速城市的碳达峰碳中和进程。

同时，本书通过回归分析，验证了绿色金融和绿色发展的相关性非常紧密，长三角地区城市的绿色高质量发展可以反作用于绿色金融发展，能够显著地提升绿色金融竞争力。城市的经济增长水平、环境质量以及自然禀赋均对其绿色金融竞争力存在显著正向影响，支持了各市政府在追求经济效益的同时积极投身于环境保护的战略方向，继而对各城市的经济可持续发展提供助力。

此外，结合绿色金融竞争力评估结果，本书分别对长三角三省一市的绿色金融发展提出对策建议。

本书的主要创新之处在指标体系构建与指标选取方面和研究视角方面。一是在指标体系构建与指标选取方面，本书创新构建了三个独立的指标体系，对长三角地区的绿色金融竞争力、绿色发展水平、零碳发展水平进行衡量。同时，现有文献在评价绿色金融发展时维度较为单一，本书创新着眼于"目标评估"和"措施评估"两方面综合对标，形成"制度政策、市场活力（含特色产品及服务）、保障措施"的研究框架，发现长三角城市群的共性问题，总结可复制可推广的地方经验。二是在研究视角方面，本书创新探索绿色金融与区域绿色发展的相关性分析，以长三角三省一市为研究对象，探究绿色金融与绿色发展间的关系。

受制于绿色金融相关指标的统计标准和口径尚不统一，本书在选取部分指标的过程中面临数据的可得性和连贯性不足的问题，研究通过科学方法对部分数据不完善的指标进行了补充，但是在一定程度上影响了结果的可比性。

随着绿色金融标准体系的不断完善，相信相关数据的完整性与可获取性将不断提高，本书也将继续探索更适合衡量绿色金融与绿色发展的各项指标，持续为推动长三角更高质量发展提供智力支持。

第一章
理论与背景

　　发展绿色金融，是实现绿色低碳发展的重要措施。绿色金融是资本要素和环境保护的桥梁纽带，利用绿色金融工具和相关政策，可以起到积极引导社会资本投向绿色产业、有效抑制污染性投资、服务绿色发展的关键作用。2019 年 12 月 1 日，中共中央、国务院印发《长江三角洲区域一体化发展规划纲要》，专章提出"高水平建设长三角生态绿色一体化发展示范区"，标志着长三角地区一体化进入高质量绿色发展的新阶段。绿色金融是长三角一体化进程的重要举措之一，也是长三角城市群将"绿水青山"有效转化为"金山银山"的工具之一。本章首先阐述绿色金融的内涵和发展，其次分别梳理绿色金融的政策与制度、产品与市场发展成果，以及绿色金融支持绿色发展和零碳发展的成效，最后总结了长三角生态绿色一体化发展的进程。

第一节　绿色金融的内涵与发展

关于绿色金融的概念和定义，国内外都从不同角度进行了解读。

国际社会中，绿色金融被认为是起源于"赤道原则"的提出。2003年6月，荷兰、美国等7国的10家主要银行宣布，实施判断、评估和管理项目融资中环境和社会风险的自愿性金融行业基准——赤道原则。赤道原则为环境、社会及公司治理（Environment, Social and Governance, ESG）授信尽调准则提供了更具体的参考架构，在以赤道原则为框架的项目融资 ESG 规则项下，金融机构在对一个项目进行融资决策前，会对该项目可能对环境和社会产生的影响进行综合评估，以实现利用金融杠杆促进项目在环境保护以及周围社会和谐发展方面发挥积极的作用。赤道原则不产生强制的约束力，成员金融机构自愿、独立地采用和实施赤道原则，但却是金融机构制定社会和环境政策的重要参考。

同时，绿色金融的概念也被认为是由可持续金融发展而来。1987年联合国在《我们共同的未来》中正式提出可持续发展概念，即"既能满足当代人的需要，又不对后代人满足其需要的能力构成危害的发展"。2015年联合国可持续发展峰会上，193个成员国正式通过了《2030年可持续发展议程》，该议程提出了17项可持续发展目标（Sustainable Development Goals, SDGs）和169项子目标，旨在以综合方式彻底解决经济、社会和环境三个维度的发展问题，使全球走向可持续发展道路。

欧盟委员会将可持续金融定义为：可持续金融一般是指在金融领域进行投资决策时适当考虑 ESG 因素的过程，从而延长持续经济活动和促进项目的长期投资。

根据《G20 可持续金融路线图》，可持续金融可以定义为：以支持《2030年可持续发展议程》和《巴黎协定》的各项目标为目的的金融活动。

通过梳理国际社会中学者或机构对可持续金融的理解，可以看到，可持续金融主要包含以下两方面含义：一方面，根据可持续发展目标和气候公约目标，更合理地有效动员和配置金融资源，满足普惠和包容性增长以及应对减缓气候变化所需的金融服务。另一方面，将ESG纳入投资决策，以实现经济和金融在长期内有效运行和稳健发展，从而维护金融系统的稳定性。

根据联合国环境规划署（UNEP）2016年发起的调查可持续金融体系设计工作报告《定义与概念》（*DEFINITIONS AND CONCEPTS*）中关于可持续金融和绿色金融的关系说明（图1-1），可持续发展主要分为环境目标（包括气候变化减缓、气候变化适应以及其他）、社会目标、经济目标和治理目标，可持续金融是支持上述全部目标的金

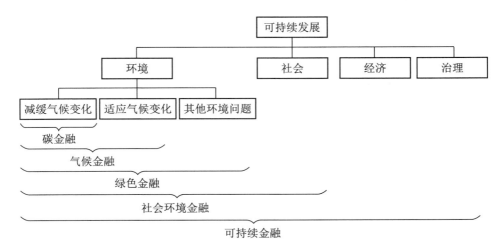

图1-1　《定义与概念》中定义的可持续金融体系

（资料来源：UNEP, DEFINITIONS AND CONCEPTS, The Inquiry into the Design of a Sustainable Financial System, 2016）

融活动，而绿色金融主要是支持环境目标的金融活动。

根据国际资本市场协会（ICMA）在 2020 年发布的《可持续金融概要释义》(*Sustainable Finance High-level Definitions*) 中的概念，可持续金融被认为是包括绿色金融、气候金融、社会责任金融等，并考虑被融资机构长期经济发展的可持续性，以及整个金融体系的作用及运行稳定性等更广泛的内容（图 1-2）。

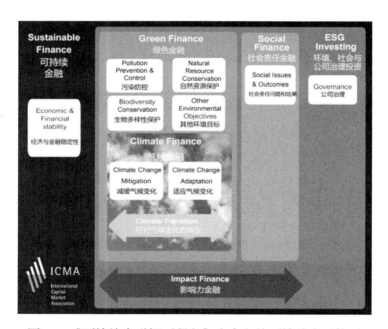

图 1-2　《可持续金融概要释义》中定义的可持续金融体系

（资料来源：ICMA, Sustainable Finance High-level Definitions, 2020）

我国绿色金融的内涵发展起步于 2007 年针对环保领域的绿色信贷业务，并由此至今可划分为启动阶段（2006—2010 年）、发展阶段（2011—2013 年）和飞跃阶段（2013 年至今）。相比于国际上绿色金融的发展更多地依赖于市场机制的活力和投资者的选择，我国绿色金融发展的各个阶段主要由政府全面系统性地推动。

一、启动阶段（2006—2010 年）

　　1995 年，中国人民银行发布《关于贯彻信贷政策和加强环境保护工作有关问题的通知》，银行开始发放有关环境保护和污染防治的贷款，这是我国最早出现的直接与绿色金融相关的文件，2007 年 6月，中国人民银行发布了《关于改进和加强节能环保领域金融服务的指导意见》，正式拉开了我国绿色金融政策的序幕。2008 年 10 月，兴业银行成为中国首个加入赤道原则的银行，并成立了包括项目融资团队、碳金融团队、技术服务团队的可持续金融中心，随后，招商银行、中国银行等国内其他金融机构也相继开展有关绿色金融的业务。

二、发展阶段（2011—2013 年）

　　进入 2011 年，我国对环境保护的重视程度进一步提高，专项出台了《全国环境保护法规和环境经济政策建设规划》，其中重点论述了绿色金融政策在环保资金募集、激励企业减排等方面的主要作用。2012 年 2 月，银监会发布《绿色信贷指引》，对金融机构发展绿色信贷，大力促进节能减排提出了明确的要求，绿色信贷逐渐引起较高的关注。2013 年 2 月，环保部、保监会进一步发布了相关政策文件，提出了针对涉及重金属、石化、化工等环境高风险企业、行业试点展开环境污染强制责任保险制度。以上都显示了我国正逐步为解决环境污染与气候变化而在绿色金融领域所做的一些积极尝试。

三、飞跃阶段（2013 年至今）

党的十八大后，党中央、国务院高度重视环境保护工作，生态文明建设提升到空前高度。2013 年 11 月，《中共中央关于全面深化改革若干问题的决定》对"加快生态文明建设"提出了明确要求。2015年 10 月，党的十八届五中全会提出了"创新、协调、绿色、开放、共享"新发展理念，提出了美丽中国建设目标，为全球生态安全作出贡献。

2016 年 8 月，中国人民银行等七部门联合发布《关于构建绿色金融体系的指导意见》，正式给出我国的绿色金融定义，即"绿色金融是指为支持环境改善、应对气候变化和资源节约高效利用的经济活动，即对环保、节能、清洁能源、绿色交通、绿色建筑等领域的项目投融资、项目运营、风险管理等所提供的金融服务"。而"绿色金融体系是指通过绿色信贷、绿色债券、绿色股票指数和相关产品、绿色发展基金、绿色保险、碳金融等金融工具和相关政策支持经济向绿色化转型的制度安排"。

第二节　绿色金融竞争力的成果与成效

当前，我国绿色金融的政策制度与产品市场正在不断完善，反映了绿色金融竞争力提升所带来的发展成果。另一方面，我们绿色金融竞争力的发展成效则主要表现为对于绿色高质量发展和低碳转型发展的大力支持。

一、绿色金融竞争力的成果：完善政策制度与产品市场

（一）政策与制度发展

经过多年的研究与实践，我国正逐步建立起一整套完备的绿色金融政策体系。2021年10月，《中共中央国务院关于完整准确全面贯彻新发展理念做好碳达峰碳中和工作的意见》明确，要积极发展绿色金融，建立健全绿色金融标准体系等具体措施。随后，中央碳达峰碳中和工作领导小组陆续发布了"1+N"政策体系，其中涉及十大重点领域和行业的政策措施及行动。从中可以看出政府与市场正在双轮驱动，激励更多金融机构和社会资本开展绿色投融资，向绿色发展领域倾斜。

中国人民银行将"落实碳达峰碳中和重大决策部署，完善绿色金融政策框架和激励机制"列为重点工作，确立了"三大功能""五大支柱"的绿色金融发展政策思路。"三大功能"主要是指充分发挥金融支持绿色发展的资源配置、风险管理和市场定价三大功能。一是通过货币政策、信贷政策、监管政策等，引导和撬动金融资源向低碳项目、绿色转型项目、碳捕集与封存等绿色创新项目倾斜。二是通过气候风险压力测试、环境和气候风险分析、绿色和棕色资产风险权重调整等工具，增强金融体系管理气候变化相关风险的能力。三是推动建设全国碳排放权交易市场，发展碳期货等衍生产品，通过交易为排碳合理定价。"五大支柱"包括完善绿色金融标准体系、强化信息报告和披露、在政策框架中全面纳入气候变化因素、鼓励金融机构积极应对气候挑战、深化国际合作。

表 1-1　2021 年以来中国绿色金融重点政策汇总

名　称	机　构	主要内容	时间
《绿色债券支持项目目录（2021 年版）》	中国人民银行、发展改革委、证监会	债券"绿色"属性的识别将基于新版目录，无论其类型或发行市场，遵循四个层次的结构，前三个层次与国家发展改革委牵头编制的绿色产业目录相一致，第四层包括对具体经济活动更详细的描述，对具体技术标准和环境标准进行了明确，并纳入了关于"无重大损害"原则（Do No Significant Harm）的表述，使其更接近欧盟分类方案和全球通行原则	2021 年
《关于建立健全生态产品价值实现机制的意见》	中共中央办公厅、国务院办公厅	从生态产品价值实现路径的角度，提到和鼓励以水权、林权等使用权抵押，产品订单抵押等绿色信贷业务的方式，探索"生态资产权益抵押 + 项目贷"的方式，使用绿色金融支持生态环境提升和绿色产业发展	2021 年
《银行业金融机构绿色金融评价方案》	中国人民银行	绿色金融评价指标包括定量和定性两类。其中，定量指标权重 80%，定性指标权重 20%。绿色金融评价结果纳入央行金融机构评级等中国人民银行政策和审慎管理工具	2021 年
《金融机构环境信息披露指南》	中国人民银行	明确覆盖商业银行、资管机构、信托公司、保险公司四类机构，鼓励金融机构每年至少对外披露一次环境信息	2021 年
《关于完整准确全面贯彻新发展理念做好碳达峰碳中和工作的意见》	中共中央、国务院	明确提出积极发展绿色金融。有序推进绿色低碳金融产品和服务开发，设立碳减排货币政策工具，将绿色信贷纳入宏观审慎评估框架，引导银行等金融机构为绿色低碳项目提供长期限、低成本资金。鼓励开发性政策性金融机构按照市场化法治化原则为实现碳达峰、碳中和提供长期稳定融资支持。支持符合条件的企业上市融资和再融资用于绿色低碳项目建设运营，扩大绿色债券规模。研究设立国家低碳转型基金。鼓励社会资本设立绿色低碳产业投资基金。建立健全绿色金融标准体系	2021 年

（续表）

名　称	机　构	主要内容	时间
《2030 年前碳达峰行动方案》	国务院	明确提出各级人民政府要加大对碳达峰、碳中和工作的支持力度。建立健全有利于绿色低碳发展的税收政策体系，落实和完善节能节水、资源综合利用等税收优惠政策，更好发挥税收对市场主体绿色低碳发展的促进作用。完善绿色电价政策，健全居民阶梯电价制度和分时电价政策，探索建立分时电价动态调整机制。完善绿色金融评价机制，建立健全绿色金融标准体系。大力发展绿色贷款、绿色股权、绿色债券、绿色保险、绿色基金等金融工具，设立碳减排支持工具，引导金融机构为绿色低碳项目提供长期限、低成本资金，鼓励开发性政策性金融机构按照市场化法治化原则为碳达峰行动提供长期稳定融资支持。拓展绿色债券市场的深度和广度，支持符合条件的绿色企业上市融资、挂牌融资和再融资。研究设立国家低碳转型基金，支持传统产业和资源富集地区绿色转型。鼓励社会资本以市场化方式设立绿色低碳产业投资基金	2021 年
《碳排放权登记管理规则（试行）》《碳排放权交易管理规则（试行）》《碳排放权结算管理规则（试行）》	生态环境部	进一步规范全国碳排放权登记、交易、结算活动，保护全国碳排放权交易市场各参与方合法权益	2021 年
《关于开展气候投融资试点工作的通知》	生态环境部、国家发展改革委等九部委	标志着我国气候投融资地方试点工作的正式启动，对气候投融资试点工作的总体要求和组织实施进行了统一部署	2021 年

（续表）

名　称	机　构	主要内容	时间
《银行业保险业绿色金融指引》	国家金融监督管理总局（原中国银保监会）	要求银行保险机构深入贯彻落实新发展理念，从战略高度推进绿色金融，加大对绿色、低碳、循环经济的支持，防范环境、社会和治理风险，提升自身的环境、社会和治理表现，促进经济社会发展全面绿色转型。银行保险机构应将环境、社会、治理要求纳入管理流程和全面风险管理体系，强化环境、社会、治理信息披露和与利益相关者的交流互动，完善相关政策制度和流程管理	2022 年
《绿色保险业务统计制度的通知》	国家金融监督管理总局（原中国银保监会）	首次将绿色保险明确定义为"是指保险业在环境资源保护与社会治理、绿色产业运行和绿色生活消费等方面提供风险保障和资金支持等经济行为的统称"。负债端包括保险机构围绕绿色低碳、可持续发展提供的保险产品和服务；资产端包括保险资金在绿色产业进行的投资	2022 年
《温室气体自愿减排交易管理办法（试行）》	生态环境部、市场监管总局	共八章 51 条，对自愿减排交易及其相关活动的各环节作出规定，明确了项目业主、审定与核查机构、注册登记机构、交易机构等各方权利、义务和法律责任，以及各级生态环境主管部门和市场监督管理部门的管理责任	2023 年
《关于全面推进美丽中国建设的意见》	国务院	要求大力发展绿色金融，支持符合条件的企业发行绿色债券，引导各类金融机构和社会资本加大投入，探索区域性环保建设项目金融支持模式，稳步推进气候投融资创新，为美丽中国建设提供融资支持	2023 年
《关于加快推动制造业绿色化发展的指导意见》	工业和信息化部、国家发展改革委等七部门	要求深化绿色金融服务创新，引导金融机构在供应链场景下规范开展供应链金融服务，为产业链上下游企业提供绿色低碳转型融资服务	2024 年

（续表）

名　称	机　构	主要内容	时间
《碳排放权交易管理暂行条例》	国务院	是我国应对气候变化领域的第一部专门的法规，首次以行政法规的形式明确了碳排放权市场交易制度，具有里程碑意义。重点就明确体制机制、规范交易活动、保障数据质量、惩处违法行为等诸多方面作出了明确规定，为我国碳市场健康发展提供了强大的法律保障	2024 年
《关于进一步强化金融支持绿色低碳发展的指导意见》	中国人民银行、国家发展改革委等七部门	提出未来 5 年，国际领先的金融支持绿色低碳发展体系基本构建；到 2035 年，各类经济金融绿色低碳政策协同高效推进，金融支持绿色低碳发展的标准体系和政策支持体系更加成熟，资源配置、风险管理和市场定价功能得到更好发挥	2024 年
《关于银行业保险业做好金融"五篇大文章"的指导意见》	国家金融监督管理总局	共五个部分 20 条，分别从总体要求、优化金融产品和服务、发挥银行保险机构职能优势、完善银行保险机构组织管理体系、做好监管支持等五个方面对做好金融"五篇大文章"提出了明确要求，进行了系统部署	2024 年
《关于加快经济社会发展全面绿色转型的意见》	国务院	要求丰富绿色转型金融工具。延长碳减排支持工具实施年限至 2027 年年末。研究制定转型金融标准，为传统行业领域绿色低碳转型提供合理必要的金融支持。鼓励银行在合理评估风险基础上引导信贷资源绿色化配置，有条件的地方可通过政府性融资担保机构支持绿色信贷发展。鼓励地方政府通过多种方式降低绿色债券融资成本。积极发展绿色股权融资、绿色融资租赁、绿色信托等金融工具，有序推进碳金融产品和衍生工具创新。发展绿色保险，探索建立差别化保险费率机制	2024 年

（资料来源：根据公开资料整理）

另一方面，中国人民银行也在加快构建"国内统一、国际接轨、清晰可执行"的绿色金融标准体系。近年来，国家绿色金融标准文件不断丰富和完善，在扩大覆盖面的同时也不断细化相关定义和要求。例如，《绿色债券支持项目目录（2021 年版）》《可持续金融共同分类目录》《中国绿色债券原则》《绿色保险分类指引（2023 年版）》《绿色低碳转型产业指导目录（2024 年版）》等，强化了与国际标准的对接和衔接，同时填补了相关领域的行业标准空白，有助于金融机构以及各类融资主体提高认识，为市场规范发展提供了标准指引。

（二）产品与市场发展

目前我国已成为全球最大的绿色金融市场之一，在绿色金融体系建设方面取得了巨大的进步。主要的绿色金融产品大致可分为绿色融资产品、绿色投资及交易类产品、环境风险管理产品以及环境信息类产品等。绿色融资产品主要包括绿色信贷、绿色债券等；绿色投资产品主要包括绿色基金、绿色保险、绿色指数等；绿色交易类产品主要包括碳金融产品。

绿色信贷方面，中国人民银行发布最新数据显示，2024 年我国绿色贷款保持高速增长。截至年末，本外币绿色贷款余额 36.6 万亿元，同比增长 21.7%，高于各项贷款增速 14.5 个百分点，全年增加6.52 万亿元。其中，投向具有直接和间接碳减排效益项目的贷款分别为 12.25 万亿元和 12.44 万亿元，合计占绿色贷款的 67.5%。分用途看，基础设施绿色升级产业、清洁能源产业和节能环保产业贷款余额分别为 15.68 万亿元、9.89 万亿元和 5.04 万亿元，同比分别增长

19.8%、25.6% 和 19.6%，全年分别增加 2.6 万亿元、2.02 万亿元和 8244 亿元。分行业看，电力、热力、燃气及水生产和供应业绿色贷款余额 8.85 万亿元，同比增长 20.9%；交通运输、仓储和邮政业绿色贷款余额 5.92 万亿元，同比增长 11.5%。

绿色债券方面，根据中诚信绿金发布的《2024 年国内绿色债券市场年报》数据显示，2024 年，我国在境内市场发行了总额为 6814.32 亿元人民币的绿色债券。

碳排放权交易方面，生态环境部数据显示，2024 年我国碳排放配额成交额 181.14 亿元。

二、绿色金融竞争力的成效：支持绿色发展与零碳发展

2024 年 3 月 24 日，中国生态环境部副部长在中国发展高层论坛 2024 年年会上表示，我国经济社会发展已经进入了加快绿色化、低碳化的高质量发展阶段，实施积极应对气候变化国家战略，大力推进经济社会绿色低碳转型，采取了一系列有效举措和行动。在经济社会发展、生态环境质量、能源转型等方面取得了显著成效。具体表现在以下几个方面：

一是新产业、新业态彰显绿色新动能。中国新能源汽车产销量占全球比重超过 60%，连续 9 年位居全球首位。电动汽车、锂电池、光伏产品的出口增幅接近 30%。

二是生态环境质量改善取得明显成效。2023 年全国地级及以上城市 $PM_{2.5}$ 平均浓度为 30 微克每立方米，比 2019 年下降了 16.7%，全国地表水水质优良断面比例达 89.4%。

三是绿色低碳市场机制持续完善。全国碳排放权交易市场第二个履约周期顺利收官，共纳入发电行业重点排放单位 2257 家，覆盖年二氧化碳排放量超过 50 亿吨，履约完成率超过 99%。市场机制和手段在推动绿色低碳转型实践方面，正在发挥着日益重要的作用。

四是深度参与全球环境和气候治理，推动联合国气候变化迪拜大会取得积极成果。我国通过绿色"一带一路"建设、气候变化南南合作等渠道，为其他发展中国家提供力所能及的帮助，以中国智慧和中国行动为全球气候治理和绿色低碳转型作出了最大贡献。

在研究绿色金融竞争力的成效时，国内外学者的视角主要有两个方向，一是研究绿色金融对绿色高质量发展水平的影响，二是研究绿色金融对低碳转型发展的影响。

（一）绿色金融支持绿色高质量发展

有关绿色金融支持经济社会绿色高质量发展的研究普遍认为，对我国现状而言，发展绿色金融有助于经济社会绿色高质量发展，并围绕这一核心观点，对机制体系进行补充、完善，延伸出不同的影响路径和附加效应。

在绿色金融研究领域发展之初，绿色金融与绿色发展存在显著的耦合协调关系（蔡宗朝等，2019；王志强等，2020），加强政府干预和提升环境治理力度能够正向调节这一关系（雷汉云等，2020）。

研究者们进一步探讨绿色金融对绿色发展的具体作用，其在不同维度上表现出不同特征。绿色金融显著促进了经济的绿色发展和结构优化，但在经济稳定发展和高效发展方面作用不显著（周琛影等，2021）；绿色金融对经济高质量发展的作用呈倒"U"形的非线性特征（周韩梅等，2021）；另外，促进作用存在区域差异，对科教水平低的城市、中小城市和中西部地区的作用更加显著（雷汉云等，2021；周韩梅等，2021；刘华珂，2021）。在此基础上，对其促进机制和异质性进行补充完善，相关研究主要集中在绿色金融通过技术创新、吸引资金来推动产业优化升级（刘华珂，2021）。

绿色金融具有促进区域经济协调、均衡发展的作用，政府或其他绿色金融参与主体可以借助绿色金融，在落实生态治理与环境保护的同时，于区域内开展基于各行业发展现状的金融投资、融资等经济活动，引导产业规划与经济资源利用，推动区域内经济绿色发展（蒋选，2023）。此外，绿色金融通过与绿色产业融合发展，推动区域经济结构的转型和升级、提高区域经济的竞争力、奠定区域经济发展潜力，吸引更多投资资源（韩圆，2024），进而促进当地经济高质量发展。

实证研究表明，区域绿色经济受到绿色金融冲击时呈波动性变化，但始终为正向影响，说明绿色金融发展对区域绿色经济具有正向支持作用（潘政宇，2024；蔡强等，2022）。然而，由于受经济基础、市场化程度等因素的影响，各区域绿色金融发展水平有所差异，对经济绿色高质量发展的影响效应也不同。具体而言，东、中部地区的绿色金融对经济绿色高质量发展的提高具有显著的正向作用，而西部和东北地区的结果不显著。此外，在经济发展的过程中，资源、技术等经济变量本身就是相互流动的，加之为了促进市场的统一、提高公平性和效率，政府促进经济要素的合理流动，因此绿色金融对经济绿色高质量发展的影响存在显著的空间溢出效应

（张悦，2024）。

同时，绿色金融与经济绿色高质量发展的耦合协调度在不同地区表现出显著差异。长三角和长江中游地区高于平均水平，而京津冀和东北地区低于平均水平（喻平等，2021）；其作用存在门限效应，绿色金融发展水平高于一定门限值时，对绿色全要素生产率的提升作用显著增大（史代敏等，2022）；绿色金融对经济绿色高质量发展的网络已初步形成，但整体网络密度较小，稳定性有待提高，同时存在空间溢出效应（年维，2022；林木西等，2023）。

（二）绿色金融支持低碳转型发展

由于能源是产生碳排放的主要来源，有关绿色金融支持经济社会低碳转型发展的研究较多从能源结构、能源强度和能源效率的视角探讨绿色金融发展对低碳转型的影响。

相关研究普遍肯定了绿色金融发展对能源结构、能源效率的积极作用（Ren等，2020；庞加兰等，2023；Song等，2021；Tan等，2022）。使用中国省级面板数据研究发现绿色金融对能源结构的低碳转型具有积极的促进作用（Wan等，2023）。基于中国省级面板数据研究发现，绿色金融发展水平的提高将提升清洁能源在能源消费总量中的占比，有效促进能源消费结构的调整（Sun和Chen，2022）。利用GMM方法检验中国省级层面绿色金融与清洁能源消费之间的关系，认为绿色金融市场的发展有助于清洁能源发展（Du和Wang，2023）。

同时，由于绿色产业的发展具有集聚效应等因素，相关研究普遍肯定了绿色金融发展对能源效率、能源结构低碳转型、可再生能源发展、绿色创新的正向空间溢出效应（Guo 等，2023；Wan 等，2023；Wang 等，2021；Lee 等，2023；Huang 等，2022）。基于 2009—2017 年中国省级面板数据，相关研究构建了基于距离权重矩阵的空间杜宾模型，实证检验发现绿色金融发展对生态环境的积极影响具有正向空间溢出效应（Li 和 Gan，2021）。碳排放绩效具有显著的正向空间溢出效应，本地碳排放绩效的提升会带动空间关联地区碳排放绩效的改善（邵帅等，2022）。类似地，使用中国省级面板数据，相关研究基于空间杜宾模型验证了绿色金融发展具有正向空间溢出效应，即绿色金融发展也有助于周边地区的经济高质量发展（李唐蓉和林辉，2023）。

综上，国内外学者普遍认为绿色金融能够促进绿色高质量发展和低碳转型发展，进而加快实现经济和社会的绿色化和低碳化发展，助力实现"双碳"目标。绿色金融与绿色发展和零碳发展之间存在着耦合协调关系，通过环境改善、技术创新、产业升级和能源优化等途径促进经济社会绿色低碳转型。尽管绿色金融发展尚在起步阶段，仍存在区域性差异和发展门槛，但绿色金融网络已初步形成，为推动绿色发展和零碳发展提供了重要支持。

第三节　长三角生态绿色一体化发展现状

根据中共中央、国务院印发的《长江三角洲区域一体化发展规划纲要》，长三角地区规划范围包括上海市、江苏省、浙江省、安徽省全域（面积 35.8 万平方公里）。以上海市，江苏省南京、无锡、常州、苏州、南通、扬州、镇江、盐城、泰州，浙江省杭州、宁波、温州、湖州、嘉兴、绍兴、金华、舟山、台州，安徽省合肥、芜湖、马鞍山、铜陵、安庆、滁州、池州、宣城27个城市为中心区（面积22.5万平方公里），辐射带动长三角地区高质量发展。以上海青浦、江苏吴江、浙江嘉善为长三角生态绿色一体化发展示范区（面积约2300平方公里），示范引领长三角地区更高质量一体化发展。

一、长三角一体化发展进程

回顾长三角地区合作的历史，最早可追溯至1992年，当时由上海、无锡、宁波、舟山、苏州、扬州、杭州、绍兴、南京、南通、常州、湖州、嘉兴、镇江14个市经协委（办）发起成立"长江三角洲十四城市协作办（委）主任联席会"。到1996年，成立"长江三角洲城市经济协调会"（简称长三角城市经济协调会），并吸纳泰州市为成员单位。

进入21世纪，长三角地区合作机制推进迅速。2004年，启动了"沪苏浙主要领导座谈会制度"。由沪苏浙省（市）委书记、省（市）长出席，自此，长三角地区合作进入了最高决策层的视野。2008年，国务院发布《关于进一步推进长江三角洲地区改革开放和经济社会发展的指导意见》，旨在进一步推进长江三角洲地区的区域经济一体化。2010年5月，国务院正式批准实施《长江三角洲地区区域规划》，将长三角明确为江浙沪，并将长江三角洲地区战略定位明确为亚太重要门户、全球重要的现代服务业和先进制造业中心、具有较强国际竞争力的世界级城市群。2014年，《国务院关于依托黄金水道推动长江经济带发展的指导意见》，促进长江三角洲一体化发展，打造具有国际竞争力的世界级城市群。规划中提到沿江五个城市群的发展规划和战略定位，其中首次明确了安徽作为长江三角洲城市群的一部分，参与长三角一体化发展。充分发挥上海国际大都市的龙头作用，加快国际金融、航运、贸易中心建设。提升南京、杭州、合肥都市区的国际化水平。推进苏南现代化建设示范区、浙江舟山群岛新区、浙江海洋经济发展示范区、皖江承接产业转移示范区、皖南国际文化旅游示范区建设和通州湾江海联动开发。优化提升沪宁合（上海、南京、合肥）、沪杭（上海、杭州）主轴带功能，培育壮大沿江、沿海、宁湖杭（南京、湖州、杭州）、杭绍甬舟（杭州、绍兴、宁波、舟山）等发展轴带。

2016 年 5 月 11 日，国务院常务会议通过《长江三角洲城市群发展规划》，提出培育更高水平的经济增长极。到 2030 年，全面建成具有全球影响力的世界级城市群。规划中提出，发挥上海中心城市作用，推进南京都市圈、杭州都市圈、合肥都市圈、苏锡常都市圈、宁波都市圈等都市圈同城化发展在扩大开放方面，要大力吸引外资，扩大服务业对外开放，探索建立自由贸易港区，推进贸易便利化在产业发展方面，要强化装备制造、信息技术、生物制药、汽车、新材料等高端制造业关键领域创新，发展金融、物流等现代服务业。

2018 年 6 月 1 日，长三角地区主要领导座谈会审议并原则同意《长三角地区一体化发展三年行动计划（2018—2020 年）》，三年行动计划覆盖了 12 个合作专题，聚焦交通互联互通、产业协同创新、公共服务普惠便利、市场开放有序等 7 个重点领域，包括长三角地区城际铁路网规划、率先布局 5G 网络建设，共建 G60 科创走廊，建设产业协同发展示范区等。

2018 年 11 月 5 日，习近平主席在首届中国国际进口博览会开幕式上发表主旨演讲时宣布，支持长三角地区一体化发展并上升为国家战略，目标是落实新发展理念，构建现代化经济体系，推进更高起点的深化改革和更高层次的对外开放，同"一带一路"建设、京津冀协同发展、长江经济带发展、粤港澳大湾区建设相互配合，完善中国改革开放空间布局。这一战略"升格"，标志着长三角地区一体化发展进程进入国际视野，长三角世界级城市群将率先实现高质量发展和高品质生活。

2019 年 10 月 25 日，国务院批复了《长三角生态绿色一体化发展示范区总体方案》，标志着长三角一体化发展国家战略正式进入施工期。

2019 年 11 月 19 日，国家发展改革委正式公布《长三角生态绿色一体化发展示范区总体方案》。

2019 年 12 月 1 日，中共中央、国务院印发《长江三角洲区域一体化发展规划纲要》，专章提出"高水平建设长三角生态绿色一体化发展示范区"，标志着长三角地区一体化进入高质量绿色发展的新阶段。

2020 年 7 月 3 日，上海市人民政府、江苏省人民政府、浙江省人民政府印发《关于支持长三角生态绿色一体化发展示范区高质量发展的若干政策措施》的通知，提出了 22 条政策措施。

2021 年 7 月，推动长三角一体化发展领导小组办公室印发的《长三角一体化发展规划"十四五"实施方案》提出，到 2025 年，长三角一体化发展取得实质性进展，一体化发展的体制机制全面建立，跨界区域、城市乡村等重点区域板块一体化发展达到较高水平，科创产业、协同开放、基础设施、生态环境、公共服务等领域基本实现一体化。

2023年11月30日，习近平总书记在上海主持召开深入推进长三角一体化发展座谈会并发表重要讲话。他指出："长三角区域要加快完善一体化发展体制机制。必须从体制机制上打破地区分割和行政壁垒，为一体化发展提供制度保障。""要加快长三角生态绿色一体化发展示范区建设，完善示范区国土空间规划体系，加强规划、土地、项目建设的跨区域协同和有机衔接，加快从区域项目协同走向区域一体化制度创新。""要加强生态环境共保联治"，"要全面推进清洁生产，促进重点领域和重点行业节能降碳增效，做强做优绿色低碳产业，建立健全绿色产业体系，加快形成可持续的生产生活方式。要建立跨区域排污权交易制度，积极稳妥推进碳达峰碳中和"。"要健全生态产品价值实现机制，拓宽生态优势转化为经济优势的路径"。

2024年7月18日，中国共产党第二十届中央委员会第三次全体会议通过《中共中央关于进一步全面深化改革、推进中国式现代化的决定》提出，完善实施区域协调发展战略机制。构建优势互补的区域经济布局和国土空间体系。推动京津冀、长三角、粤港澳大湾区等地区更好发挥高质量发展动力源作用，优化长江经济带发展、黄河流域生态保护和高质量发展机制。

2024年7月25日，《长三角地区一体化发展三年行动计划（2024—2026年）》发布，结合三省一市实际，在新一轮三年行动计划中提出了九个方面，共165项重点任务。九个方面具体包括：一是加强长三角科技创新跨区域协同；二是协同建设长三角世界级产业集群；三是加快完善一体化发展体制机制；四是加快提升区域市场一体化水平；五是积极推进长三角区域高层次协同开放；六是切实加强生态环境共保联治；七是积极探索建设中华民族现代文明；八是有力拓展城市合作广度和深度；九是着力提升安全发展能力。

2024 年 7 月 31 日，《中共中央　国务院关于加快经济社会发展全面绿色转型的意见》提出，要打造绿色发展高地。加强区域绿色发展协作，统筹推进协调发展和协同转型，打造绿色低碳高质量发展的增长极和动力源。持续推进长江经济带共抓大保护，探索生态优先、绿色发展新路径。深入推进粤港澳大湾区建设和长三角一体化发展，打造世界级绿色低碳产业集群。

二、长三角绿色金融发展现状

（一）制度与政策

2020 年 7 月 3 日，上海市人民政府、江苏省人民政府、浙江省人民政府印发《关于支持长三角生态绿色一体化发展示范区高质量发展的若干政策措施》的通知，在金融领域提出将加大金融创新力度，大力发展绿色金融。

2022 年 6 月，长三角生态绿色一体化发展示范区执委会会同两省一市发展改革和生态环境部门联合印发实施《长三角生态绿色一体化发展示范区碳达峰实施方案》。

2024 年 7 月 25 日，长三角区域生态环境保护协作小组办公室印发《长三角区域生态环境保护协作 2024 年工作重点》提出，要推进产业绿色发展，继续加快淘汰落后产能和传统制造业转型升级；通过绿色低碳供应链、绿色领军企业等的培育，提升行业绿色化发展水平。此外，将加快推动区域性排污权交易、绿色金融等制度创新，力争进一步形成一批可复制、可推广的政策制度。

（二）产品与市场

绿色金融产品作为碳减排支持工具，涵盖一系列具有环境效益的投融资活动。在长三角生态绿色一体化发展示范区内绿色金融产品创新已有一定探索，各大金融机构不断创新推出示范区专属金融产品，并有多种示范区专属金融产品已投入使用，包括光伏贷、苏碳融、ESG 类保险、碳配额质押融资、碳减排工具贷款等金融产品。

同时，绿色金融新模式新业态呈现出稳健发展的趋势。近年来，上海市大力发展绿色保险，着力聚焦应对环境污染、节能减排、清洁生产等领域，稳步提高产品研发及风险保障能力；浙江省湖州市创新推出白茶低温气象指数保险等绿色农业保险产品，保障茶农面对低温灾害时的收入；安徽省蚌埠市针对秸秆企业和农户量身定制"秸秆利用项目—揽子保险"产品，提高秸秆收储大户风险防范能力。

（三）保障措施

三省一市积极推进绿色金融评价工作，出台贴息奖补等激励措施，引导金融机构主动开展绿色金融业务，提升金融机构绿色金融发展能力，促进金融业支持经济社会绿色低碳发展。绿色金融评价方面，2021 年中国人民银行发布《银行业存款类金融机构绿色金融业绩评价方案》，方案明确纳入考核范围的绿色金融业务包括绿色贷款和绿色债券。三省一市在总行《银行业存款类金融机构绿色金融业绩评价方案》基础上细化制定了各省评价方案，并于 2022 年一季度起全部实行新的评价方案。贴息奖补方面，江苏省 2018 年以来进一步扩大"环保贷"风险补偿资金池规模，首期目标 4 亿元；对申请上市、取得证监备案通知和成功上市的绿色产业企业分别给予一次性奖励 20 万元、40 万元和 200 万元，对绿色债券按 30% 的比例进行为期 2 年的贴息。浙江省湖州市、衢州市自 2017 年获批国家绿色金融改革创新试验区后，推出绿色金融风险补偿、财政贴息等举措，对推动当地经济绿色转型发挥了重要助推作用。

长三角地区持续推动强化金融机构环境信息披露的主动性和规范性。依托长三角绿色金融综合管理系统，长三角三省一市积极推动金融机构投融资业务碳排放核算，建立长三角绿色金融信息管理系统，开发"环境信息披露"模块，为金融机构编制环境信息披露报告提供智能化服务，并要求金融机构按季度报送绿色贷款节能减排量，包括减排二氧化碳当量、节约标准煤等环境效益数据。近年来，浙江省湖州市和衢州市率先探索数字化环境信息披露，如今已实现全域银行业金融机构环境信息披露全覆盖。

（四）环保合作

2020 年 7 月 7 日，生态环境部常务会议审议并原则通过《长江三角洲区域生态环境共同保护规划》，特别强调了长三角区域污染防治协作、联防联治联动的重要性，要求突出"共同保护"导向，明确"共同保护"责任，坚持生态环境一体化保护治理，强化统一规划、统一标准、统一监测评价、统一监督执法，创新区域协作机制。

2021 年 1 月，长三角一体化发展领导小组办公室印发《长江三角洲区域生态环境共同保护规划》，聚焦三省一市共同面临的系统性、区域性、跨界性突出生态环境问题，强调加强生态空间共保，推动环境协同治理。

2021年10月，《长三角生态绿色一体化发展示范区先行启动区规划建设导则》发布，其中重点从生态空间、生态景观、生态环境三个方面构建了示范区生态环境保护管控指标体系，促进区域水环境、大气环境、土壤环境协同保护与治理。

2023年6月，上海市、江苏省、浙江省、安徽省生态环境部门联合发布《长三角区域应对气候变化行动报告（2023版）》《长三角生态绿色一体化发展示范区生态环境质量报告（2022年）》等成果，并共同签署《协同推进长三角区域生态环境数据共享合作备忘录》《建立长三角区域社会生态环境监测机构环保信用监管信息共享机制备忘录》等一批重大合作备忘录和战略合作协议。

2024年7月25日，长三角区域生态环境保护协作小组办公室印发了《长三角区域生态环境保护协作2024年工作重点》，细化了54项重点工作。主要是三大方面：一是共同夯实区域生态基底；二是加强区域环境协同治理；三是推进区域绿色低碳发展。

第二章
长三角绿色金融竞争力分析：
指标构建与绩效

　　长三角地区作为长江经济带的龙头、带动全国经济发展的重要引擎，在经济高速发展的同时也经历了转型发展阶段。因此，评估长三角地区各城市的绿色金融运行效果是长三角一体化发展的重要举措之一，也是推进长三角"40+1"城市生态文明和经济社会建设协同发展、将"绿水青山"有效转化为"金山银山"的工具之一。本章通过构建"1+2"的绿色金融发展"三评估"体系，即以绿色金融发展竞争力评价体系为主、区域协作度和目标达标度"双评估"体系为辅的长三角绿色金融竞争力评价指标体系，分别通过现状分析、对比分析和影响因素分析，测度了长三角"40+1"城市的绿色金融竞争力水平。

第一节　长三角绿色金融竞争力评价指标体系构建

　　长三角绿色金融竞争力，应着眼于三个"对标"，即对标国际社会已开展的可持续金融实践；对标中国人民银行等七部门联合发布的《关于构建绿色金融体系的指导意见》，在政策标准、市场活力、保障措施等多方面进行评估，特别注重突出"一体化"程度；对标城市群间的相互融合、协同程度。

一、研究综述

　　通过文献检索，当前长三角城市群"一体化"研究主要集中在经济一体化的演化机制研究。在信息社会，传统意义上的城市理论不断受到冲击，网络城市理论（集聚经济）应运而生。网络城市理论认为，全球城市网络是一个诸多节点内在连接而成的系统，城市就是一个与其他城市有着内在连接的节点，是作为该网络系统的组成部分而存在的。城市作为一个节点的价值，在于它和其他节点之间的相关性。在网络城市中，一个城市的重要性取决于它和其他节点之间的关联程度，那么节点之间流动的水平、频繁程度和密集程度就决定了它们在全球经济中的地位。在全球城市网络系统中，可根据其与世界联系性的强度及其影响范围的大小进行城市分组。世界城市在全球城市网络中具有最广泛、最密集的全球网络连通性，是全球城市网络中的中心节点，其他城市则为一般节点。长三角的难点在于"一体化"，不打破行政隶属下的区域合作，这种网络化的城市群，其经济与空间协调发展的关系，这里可以从三个层级加以讨论：

第一，"单城市维度"——城市内部经济与空间的关系。按城市的规模、类型来分析，地方性城市，由于其规模（人口、经济总量、面积）有限，经济活动在空间上往往主要表现为行政功能片区、商业片区和开发区等功能组团；次区域中心城市则由于具备较大的人口规模，经济活动趋于复杂，经济在空间上表现为分等级的商业中心、分层次的居住中心、有分工的产业开发区分布；全球性城市由于其超大型的人口规模、门类齐全的产业构成，经济活动在空间上表现为城市的多中心，高度发达的交通网络，住宅区分布更加分散，分类更加细致的开发区，高精尖产业集中分布，产业业态非常丰富。

第二，"城市群维度"——城市群层面各城市经济与空间的关系。主要研究人流、物流、资金流、信息流在城市群内部各城市间的流动及其分布，通常采用"城市间距离"或"通勤时间"来度量，其中"1小时经济圈"理论的分析就很有用。

第三，"经济全球化维度"——城市群在经济全球化体系中的地位。指整个城市群在全球城市产业链分工体系中承担的角色和影响力，主要是生产性服务，如金融服务能力、市场服务能力等。同时也表现为城市群是一个整合和提升全球技术、资金、人才资源进行区域创新的集聚地，或者仅仅只是一个制造业基地。

讨论经济与空间关系的几个层级，有助于梳理和分辨不同城市在长三角城市群功能配置中的角色：对地方性城市，其功能是形成产业集群，发挥产业集聚的优势，充分实现城市内部经济空间活动的高效性；对次区域中心城市，其主要功能则是维护区域范围内各城市之间经济空间活动的高效性，建立各城市之间有效的合作机制，调适各城市的功能定位，实现城市群集聚优势的最大化；对成长中的世界城市而言，作为长三角城市群中的核心城市，则要努力成为"世界经济体系中高度集中的命令中心，金融和特殊服务业聚集的场所，市场生产的中心，服务业的生产地"，辐射整个城市群，促进有序分工体系的形成，提升城市群的国际竞争力，带领整个区域向世界级城市群方向不断演进。

国内的"绿色金融评估"相对起步较晚，比较国内外有关绿色金融发展的研究成果可知，尚未对绿色金融的测评形成一致性或权威性结论，在整体评价工作中主要侧重于从定性角度分析，即使运用定量分析也局限于"信贷规模""绿债规模"等适合量化的指标，不能全面评价绿色金融的各方面工作，在评价方面多侧重绿色金融发展的静态，而忽视了其"工具性"功能。因此，构建一套可操作、较客观全面的指标体系能够更好地测评地方绿色金融的发展优势和不足，而针对地方进行比较评估则有利于取长补短、优势互补，更快地将成熟经验复制推广。借鉴世界银行的评估标准，可形成一套快速查询的操作细则，对"有/无"具体的操作标准进行匹配打分，以便各地区在绿色金融工作启动阶段，快速知晓工作环节有无缺漏。

二、指标体系构建

长三角绿色金融竞争力评估着眼于"目标评估"和"措施评估"两方面综合对标，形成"制度政策—市场活力（含特色产品及服务）—保障措施"的研究框架，对标《长江三角洲区域一体化发展规划纲要》，紧扣"一体化"的区域协同联系度，对标中国人民银行、财政部等七部委发布的《关于构建绿色金融体系的指导意见》目标，对长三角城市群自我国开展绿色金融建设至今，对长三角城市群出台的制度政策、体制机制创新、金融机构创新实践等进展进行综合评估，以比较各地成熟的经验，发现长三角城市群的共性问题，总结可复制可推广的地方经验。评估内容主要集中于十项内容：

（1）绿色信贷投放规模适度增长；

（2）建立完备的绿色金融标准认证体系；

（3）形成多元化的绿色金融产品和服务体系；

（4）形成多层次的绿色金融组织机构体系；

（5）构建多层级的绿色金融支撑体系；

（6）健全绿色金融风险防范化解体系和高效灵活的市场运作机制；

（7）绿色债券、绿色基金、绿色保险形成适度规模；

（8）形成一批可复制可推广、辐射面广影响力大的绿色金融综合服务体系；

（9）形成产融结合、推动绿色资源资本化和产业转型绿色化的局面；

（10）城市间绿色金融工作机制的共享程度，跨区域的绿色产业发展程度。

研究主要借鉴了世界银行"区域营商环境"的评估框架和空间网络分析方法，以及对标国家制定的绿色金融发展目标，采用 SMART 评估制度，对各地在绿色金融的制度政策、市场活力进行综合评估，由于无法完全分析常规环境要素（如大气、自然水体等）的环境表现与绿色金融之间的因果关系，故本评估集中针对"政府＋市场"模式及"一体化"联系程度进行剖析，研究对象涵盖 40 个地级市和 1 个直辖市，形成"40+1"城市群。

　　数据信息来源于各地发布的相关政府文本信息，搜集国泰安数据库、同花顺数据库、慧科新闻数据库等信息，结合各地政府网站、公开报刊报道出台的制度政策、金融实践等进展进行综合评估，以比较各地成熟的经验，发现各地的共性问题，总结可复制可推广的地方经验。

　　评分聚焦于政策制度、市场实践、一体化进程的刻画，而不是针对最终效果评估。故按"0/1"打分法进行，即对地方实践的有无进行评估，以便直观比较长三角城市群的相关政策制度、金融实践中的现状，能够快速高效地发现地方制度政策、实践操作中的"优势点"和"空白点"，以便于帮助其他地区在绿色金融工作启动时段，能够快速借鉴绿色金融起步较早地区已形成的经验，使本地绿色金融工作较快进入快车道。长三角"40+1"城市绿色金融发展竞争力评价指标体系见表2-1。

表2-1　长三角"40+1"城市绿色金融发展竞争力评价指标体系

一级指标	二级指标	三级指标
制度政策	省级层面综合性制度、政策和方案的建设	是否有第一批国家级绿色金融改革创新试验区
		是否有省级综合性指导文件
		环境要素权益市场建设是否纳入国家试点
		省级层面的专项工作文件数量
		省级层面专题工作会议数量
		是否已有地方自行试点地区数量
		是否设有省级层面绿色金融操作机构（含领导小组、专项办公室等）
	下辖市县地方性制度、政策和方案的建设	已制定并发布市级综合性指导文件的地市（含新区）数量
		已制定并发布市级专项指导文件的数量
		已制定并发布的区县级综合性指导文件的区县数量
		是否已有相应市场主体进行战略合作

（续表）

一级指标	二级指标	三级指标
制度政策	具有地方特色政策的提出或引入	省级层面是否设计符合地方生态环境特色的专项政策或工作方案
		所辖地方市县有无设计具有地方特色的政策平台
	体制机制能力建设	是否已成立地方绿色金融专业委员会
		是否有省级层面绿色金融政策、产品和服务的金融企业对接窗口
		是否定期举办学术或市场交流活动
		是否和高校研究所等研究单位进行咨政类项目合作（数量）
市场活力	绿色金融标准认证体系建设	是否建设有"绿色信息共享平台"或共享机制
		是否构建"绿色项目认证"的体系（绿色认证标准体系、绿色金融产品与服务认证标准体系）
		是否建立了绿色金融备选项目库和绿色产业项目系统
	绿色金融服务改革创新	是否建设绿色产权交易平台
		是否构建标准化的绿色金融资产统计体系
		有无绿色资源资产证券化产品
		有无基于绿色自然资源产权研发的创新金融产品
	地方探索的绿色金融改革创新产品或服务	银行业是否开展了投贷联动融资服务模式创新
		银行业是否引导社会资本发起设立绿色基金并投资绿色特色产业
		有无可持续发展的 PE/VC 投资体系
		是否有专项基金投资绿色扶贫项目（数量）
	绿色环保信贷与服务进展	商业银行有无自行出台的绿色信贷流程的管理制度
		绿色节能专项贷款特色产品数量
		是否有开发绿色信贷资产的证券化产品
		信贷参与的 PPP 合作资金是否投向"补短板"领域
		有无合同能源管理或合同环境服务融资产品

（续表）

一级指标	二级指标	三级指标
市场活力	地方商业银行绿色金融产品的创新措施	有无设置专营绿色金融的机构或网络（数量）
		银行的融资租赁业务有无参与绿色产业服务
		地方银行间有无自发形成合作协议
		有无针对村镇银行等绿色金融产品服务
		有无发行县级政府绿色永续票据
		有无制定绿色银行监管评价标准
	绿色债券市场的创新进展	有无针对小微企业发行的绿色金融债券
		有无开展绿色金融资产的资产证券化产品（ABS）并纳入绿色债券支持范畴
		金融机构有无发行绿色金融债券
		是否有筛选符合绿色发债条件企业的机制或项目库
	资源环境权益交易市场的建设	是否建设包括碳交易平台在内的用能权、用水权、排污权交易平台
		是否设立了绿色低碳发展基金
	绿色金融对特色小镇、田园综合体、美丽乡村等的支持力度	有无创新绿色债券、环保并购基金等工具引导撬动社会资本参与特色小镇、田园综合体、美丽乡村等基础设施建设运营
		有无利用绿色金融工具扶持乡镇产业和优化乡镇生态环境（文旅服务）
	地方股交中心关于绿色金融的创新进展	有无构建专项绿色指数
		有无设立绿色环保板块提供股权交易服务
		有无辅助绿色企业上市的培育机制
	保险机构关于绿色金融的创新进展	有无研发针对节能环保领域的创新险种
		有无推出符合地方生态特点、产业特点的环保责任保险
		有无构建企业和项目环境风险与信贷联动的分级管理制度

（续表）

一级指标	二级指标	三级指标
市场活力	碳金融市场的创新进展	有无建立碳现货、期货等交易平台
		有无碳远期、碳掉期等场外衍生品交易
		有无满足市场需求的碳金融定制产品
		有无借碳、碳回购、碳信托等创新业务
	绿色金融绩效考核	有无设计测评绩效的指标体系
		有无构建绿色信贷评价机制、关键指标设计
		有无借用大数据技术优势强化环境信用信息共享，服务绿色金融管理
	地方金融机构在绿色金融领域的能力建设	地方商业银行内部有无设立专营绿色金融事业部
		有无搭建绿色金融管理基础设施建设（类似绿色金融综合服务平台、绿色金融交易所）
		有无构建与绿色金融相适应的制度框架和内部流程
		有无专营跨境融资业务、涉外绿色金融机构
	绿色金融支撑体系建设	有无引导银行、基金等金融机构加大对涉农涉林中绿色项目的投入
		有无对绿色金融产品给予财政贴息支持
		有无设计专业化担保机制支持绿色信贷发展
		有无专设绿色金融发展奖补资金
	绿色金融风险监管、预警体系建设	有无绿色信贷风险监测和评估机制
		绿色贷款不良履约率有无高于贷款平均不良履约率
		绿色债券违约率有无高于债券平均违约率
		有无成熟的环境风险压力测试机制
		有无建设绿色金融风险监测及预警平台
		有无构建绿色项目风险补偿机制
保障措施	公共服务基础设施建设	有无设立类似绿色金融综合服务中心提供"一站式"项目审批服务
	公共服务能力建设	有无绿色金融创新发展工作领导小组
		是否有绿色金融绩效考核机制

（续表）

一级指标	二级指标	三级指标
保障措施	公共服务能力建设	是否编制绿色金融专业人才培养和学科院所建设的规划
		是否有绿色金融发展激励基金
	绿色金融的对外交流	有无设立绿色金融国际论坛平台
		有无与国外专业绿色金融机构开展技术合作（次数、规模）
		有无定期开展与其他绿色金融改革示范地区进行工作交流

（本表为作者自制）

　　为了更好刻画"40+1"城市群之间的联系程度，反映区域治理体系和协同发展机制，在规划标准、市场建设、机制创新、方案辐射等方面，紧扣《长江三角洲区域一体化发展规划纲要》的目标，设计了"区域协作度"指标体系；同时，为了更好反映城市之间在绿色金融发展方面的优势和经验，更好地达到《关于构建绿色金融体系的指导意见》中的规划目标，从信贷、保险、基金、证券、金融风险、国际合作等微观层面进行对标，便于城市间相互比较、取长补短，形成分工合理、包容共进的发展格局。通过"区域协作度"和"目标达标度"的双评估体系（表2-2），将从宏观和微观角度，测评城市群之间在绿色金融领域的进展，从而支持政策制定和未来的实践优化。

表 2-2　"区域协作度"和"目标达标度"指标体系

一级指标	二级指标	三级指标
"双评估"体系	区域协作度	有无制定跨区域的环境法规、标准、监管机制等
		有无发布环境质量监测统一标准或进行标准衔接
		有无发布污染物排放标准
		有无建立流域补偿创新机制
		有无长三角交界地区环境协作机制建设
		有无建设跨区域的用水权、排污权、用能权等的交易制度或市场
		有无跨区域的生态环保规划
		有无承接产业转移示范区、跨省合作园区、飞地经济等平台的环境监管
		有无构建环境质量数据共享平台
		有无建立用水权、排污权、用能权初始分配和交易制度或各类产权交易平台
		长江干流和重要支流流域地区有无建立流域环境共建共治或生态补偿机制
		跨区域水利、生态环保等重大工程项目的个数（大于 5 个）
	目标达标度	大力发展绿色信贷
		推动证券市场支持绿色投资
		设立绿色发展基金，通过政府和社会资本合作 (PPP) 模式动员社会资本
		大力发展绿色保险
		完善环境权益交易市场、丰富融资工具
		地方发布绿色金融改革发展规划或建设方案
		推动开展绿色金融国际合作
		风险防范体系建设及组织保障力度

（本表为作者自制）

第二节　长三角绿色金融竞争力分析

随着长三角"40+1"城市群在绿色管理和环境管理上的工作进一步落实，绿色金融逐渐成为有力的发力点。本节将通过对发展现状、纵向比较、横向比较及影响因素的分析，综合刻画长三角城市的绿色金融竞争力水平。

一、长三角绿色金融竞争力发展现状分析

分析 2023 年度评分状况，综合评价平均分为 82.07 分，处于平均分以上的城市有 19 个，得分前十名的城市分别为湖州、衢州、上海、杭州、温州、丽水、宁波、台州、苏州、南京。

表 2-3　2023 年度长三角城市群绿色金融发展竞争力评级

城市名	评级	城市名	评级	城市名	评级
湖　州	A+	无　锡	A	芜　湖	A-
衢　州	A+	金　华	A	镇　江	A-
上　海	A+	绍　兴	A	泰　州	A-
杭　州	A+	宿　迁	A-	滁　州	A-
温　州	A+	合　肥	A-	宣　城	B+
丽　水	A	马鞍山	A-	六　安	B+
宁　波	A	扬　州	A-	池　州	B+
台　州	A	舟　山	A-	蚌　埠	B
苏　州	A	黄　山	A-	淮　北	B
南　京	A	徐　州	A-	铜　陵	B
盐　城	A	阜　阳	A-	淮　南	B-
嘉　兴	A	淮　安	A-	亳　州	B-
常　州	A	安　庆	A-	宿　州	B-
南　通	A	连云港	A-		

（一）"区域协作度"指标测评

在"区域协作度"指标测评中，达到满分指标的城市分别为湖州市、衢州市、上海市、台州市、温州市、宁波市、丽水市、杭州市、常州市、盐城市、无锡市、南通市、嘉兴市、金华市、舟山市、马鞍山市，其中马鞍山是安徽省唯一一个在"区域协作度"指标中达到满分的城市。从具体指标上看，"有无承接产业转移示范区、跨省合作园区、飞地经济等平台的环境监管"这一项指标得分率最低，表明长三角地区各城市仍需完善跨区合作的环境监管机制。2023 年作为《长江三角洲区域一体化发展规划纲要》发布实行的第四年，各省市结合实际制定并推进工作计划，进一步提高经济集聚度、区域连接性和政策协同效率。"区域协作度"评价得分具体排名如图 2-1 所示：

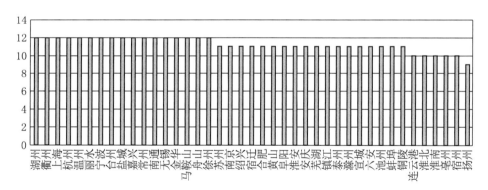

图 2-1　2023 年度长三角城市群绿色金融发展区域协作度得分排名

（二）"目标达标度"指标测评

在"目标达标度"指标测评中，达到或接近《关于构建绿色金融体系的指导意见》文件规划目标的前十名城市为：湖州市、衢州市、丽水市、上海市、温州市、宁波市、杭州市、台州市、南京市、盐城市。"目标达标度"评价得分排名具体如图 2-2 所示：

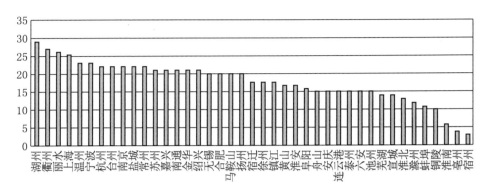

图 2-2　2023 年度长三角城市群绿色金融发展目标达标度得分排名

二、长三角绿色金融竞争力纵向比较分析

研究对比分析了 2019—2023 年长三角绿色金融的发展水平。通过纵向比较，可以明显看出长三角地区绿色金融发展的区域间差异正在缩小。

表 2-4　2019—2023 年长三角城市群绿色金融发展竞争力评级

区域	城市名	2019 年	2020 年	2021 年	2022 年	2023 年
上海	上　海	A	A+	A+	A+	A+
江苏	苏　州	A	A−	A−	A	A
	常　州	A	A−	A	A	A
	盐　城	A−	B+	A−	A	A
	无　锡	A−	A−	A−	A	A
	南　京	A−	A−	A−	A	A
	南　通	A	A	A	A	A
	宿　迁	A−	A−	A−	A−	A−
	镇　江	B	B	B	A−	A−
	扬　州	B−	B−	B	A−	A−
	泰　州	B+	B	B	A−	A−

（续表）

区域	城市名	2019 年	2020 年	2021 年	2022 年	2023 年
江苏	淮　安	B+	B+	B+	B+	A−
	徐　州	B−	B−	B−	B	A−
	连云港	B	B−	B−	B	A−
浙江	湖　州	A+	A+	A+	A+	A+
	衢　州	A+	A+	A+	A+	A+
	温　州	A−	A−	A	A+	A+
	宁　波	A−	A	A−	A	A
	丽　水	A−	A	A	A	A+
	杭　州	A−	A−	A−	A	A+
	台　州	B+	A−	A−	A	A
	嘉　兴	B+	A−	A−	A	A
	绍　兴	A−	B+	A−	A−	A
	金　华	A−	B+	A−	A−	A
	舟　山	B	B	B	A−	A−
安徽	合　肥	A−	A−	A−	A−	A−
	阜　阳	A−	A−	A−	A−	A−
	滁　州	A−	B+	A−	A−	A−
	黄　山	A−	A−	A	B+	A−
	安　庆	B	A−	A−	B+	A−
	六　安	A−	A−	A−	B+	B+
	马鞍山	A−	A−	A	B+	A−
	芜　湖	A−	A−	A−	B+	A−
	宣　城	B+	B+	B+	B+	B+
	池　州	A−	A−	A−	B	B+
	蚌　埠	B	B	B	B	B
	铜　陵	B+	B	B	B	B
	淮　北	B	B	B	B	B
	淮　南	B−	B−	B−	B−	B−
	亳　州	B−	B−	B−	B−	B−
	宿　州	B−	B−	B−	B−	B−

2019 年，以湖州、衢州为中心，先行发展优势逐渐辐射到周围城市。先进的绿色金融发展理念、生态体系建设等逐渐为其余城市所借鉴吸收。绿色金融改革创新试验区的设立发挥了很大的作用。

2020 年，长三角地区有四个明显的绿色金融区域发展中心点。除了湖州、衢州的绿色金融深入发展以外，新出现的两个发展中心点分别为：以合肥为中心，包括芜湖、马鞍山、滁州等城市在内的安徽省绿色金融发展中心；由上海、宁波等长江入海口沿线城市组成的新的绿色金融发展中心。

2021 年，长三角地区绿色金融发展中心点不断发展，相互融合，形成更大的区域中心。以上海为龙头，上海—湖州一带绿色金融融合发展；衢州影响力辐射至温州；合肥周边的马鞍山、芜湖绿色金融竞争力稳定提升，与合肥形成一个绿色金融发展区域中心。

2022 年，长三角绿色金融发展中心点辐射范围进一步扩大，上海—湖州—衢州—温州一带绿色金融发展水平持续提高，形成引领态势。苏锡常区域绿色金融水平有较大提高，集聚效应明显。以合肥为中心，包括马鞍山、芜湖等城市的绿色金融。此外，苏北的一些城市，如盐城、宿迁等均在绿色金融发展方面有显著提升。

2023 年，长三角地区绿色金融发展中心点快速发展，在上海—湖州—衢州一带上，杭州、丽水、温州得以跻身领先发展地位，由温州至盐城形成了一条由南到北的绿色金融高速发展地带，绿色金融辐射范围进一步扩大；苏锡常地区绿色金融水平持续稳定发展；以南京为中心，周边城市绿色金融水平集聚式提高；此外，安徽的阜阳、安庆、黄山也得到了显著提升。

绿色金融发展区域中心的形成，表明绿色金融发展的区域差异正在缩小，长三角地区绿色金融发展全面开花。但同时，区域发展平衡度不足的现象仍然存在。上海、湖州、衢州、杭州、丽水、温州的绿色金融发展水平较高；苏北、皖北的绿色金融发展水平还有待提升。未来随着绿色金融区域中心辐射范围扩大，长三角地区绿色金融将进一步协调发展。

三、长三角绿色金融竞争力横向比较分析

（一）上海市

上海市绿色金融发展稳中有进，得分已与国家绿色金融改革创新试验区持平。2023 年 1 月，上海印发《上海银行业保险业 "十四五" 期间推动绿色金融发展　服务碳达峰碳中和战略的行动方案》，明确了上海绿色金融发展的重点任务和预期目标，鼓励银行保险机构加大对战略性产业、新能源项目的支持，规划了一条可复制可推广的上海市绿色金融发展路径。

此外，上海作为绿色金融发展的先行者，积极申建国家绿色金融改革创新试验区，在绿色金融产品服务方面联合上海金融机构不断推进碳金融产品创新，并在 2022 上海国际金融中心发展论坛上推出了上海绿色金融指数，创造性地基于一个评估框架、两套方法，同时编制了上海绿色金融现况绩效指数和上海绿色金融社会认知指数，有着区别于市场上其他绿色金融指数的创新性。同时，上海作为国际金融中心，进一步加强国际绿色金融合作交流，与美国、英国、卢森堡等国家都进行了绿色金融领域的深化合作，助力更多国际项目落地上海，促进国际绿色金融市场双向开放。

（二）江苏省

紧盯双碳目标，推动构建绿色金融生态体系。2023年11月9日，在金融赋能制造业绿色低碳发展推进会上，中国人民银行江苏省分行、省工信厅联合相关单位发布《江苏省金融支持制造业绿色转型发展行动方案》《江苏绿色融资主体认定评价标准》，引导金融机构加大对制造业绿色低碳转型的支持力度，切实提高金融服务制造业高质量发展质效。

江苏省内绿色金融发展的地域不平衡现象有所缓和，但苏南与苏北的得分差距仍大，苏北平均发展速度慢于苏南，但苏北部分城市对绿色金融发展重视程度有大幅度提高。

苏南地区城市如苏州、常州在2023年度发展亮眼。苏州市通过下发绿色项目库、绿色企业库以及把绿色金融纳入服务实体经济监管评价体系，协助、支持和督导各金融机构开展绿色金融。常州市融资租赁深耕绿色产业，并发行江苏首单碳中和资产证券化产品（ABS），绿色金融体系建设成效显著。苏北地区的部分城市，如盐城、扬州，在本年度也展现良好发展势头。盐城支持企业发行绿色债券、扶持绿色企业上市、鼓励开设投保环境污染责任险，发行了江苏省首笔湿地修复碳汇远期质押贷款。扬州出台多项政策，为绿色金融搭建完备政策体系，并搭建江苏首个绿色金融服务线上平台。

总体而言，江苏省大部分城市更加重视绿色金融发展，且不断提升其城市绿色金融竞争力。江苏省绿色金融建设呈现出很好的发展态势。

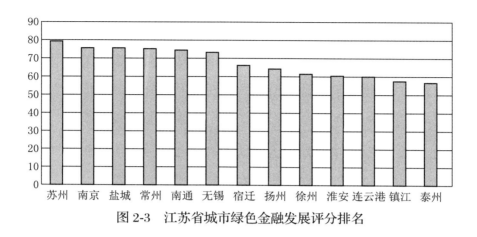

图 2-3　江苏省城市绿色金融发展评分排名

（三）浙江省

各级政府环保积极性高，基层群众参与广泛。全省平均得分显著领先，证明绝大多数城市的绿色金融体系发展趋于完善。湖州、衢州两市高居榜首，依旧发挥国家首批绿色金融改革创新试验区的作用，始终秉承"绿水青山就是金山银山"重要理念，城市绿色金融竞争力稳步加强的同时，亦不忘辐射带动周围其他城市的绿色金融体系构建。湖州是我国唯一得到认证的绿色产品城市，通过标准加认证的发展模式，成立绿色产品标准、认证、编订绿色资产负债表、采信推广、积极披露和绩效评估等多重体系，为全国建立统一的绿色产品体系作出了成功探索。衢州是我国首个以"金融支持传统产业绿色改造转型"为主线发展的城市，在对绿色金融风险进行管理过程中，创造了"监管、保险、服务与标准并举"的模式，同时推行环境污染责任险与安全生产责任险。

整体而言，浙江省绿色金融体系充分发挥金融的资源配置、风险管理、市场定价三大主体功能，有效回应了效率、公平和外部性三个主要问题，积极解决环境外部性内部化、期限错配、定义不清、信息

不对称、分析能力缺失等主要问题，为全国绿色金融发展发挥了重要
示范作用。

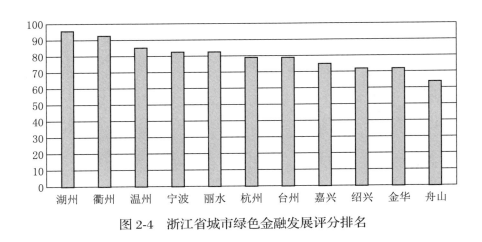

图 2-4 浙江省城市绿色金融发展评分排名

（四）安徽省

安徽省绿色金融发展呈现"稳中求进"的特点。但是仍存在较为
显著的区域发展不平衡问题。

2021 年 3 月，中国人民银行合肥中心支行印发《关于大力推动
全省金融改革创新 促进金融业高质量发展 加快提升金融服务实
体经济能力的指导意见》，明确指出绿色金融的重要性，并提出实
施绿色低碳金融行动的具体措施；2022 年 2 月，安徽省政府印发了
《安徽省国民经济和社会发展第十四个五年规划和 2035 年远景目标
纲要》，大力支持绿色金融发展；2022 年 9 月，安徽省人民政府印发
了《安徽省碳达峰实施方案》，从强化绿色金融产品创新、完善绿色
金融体制机制等方面对全省绿色金融发展进行综合性指导。在政策
文件的指导下，安徽省绿色金融体系不断完善，绿色金融发展水平
稳步上升。

　　合肥市作为省会城市及全国 4 个综合性国家科学中心之一，保持了资金获取和对外交流方面的优势，并且与当地金融机构密切合作，在实现碳达峰碳中和目标方面作出许多努力。黄山市依托自身自然资源禀赋，推深做实"新安江模式"，积极参与跨省流域生态补偿机制试点建设。同时，黄山市也利用绿色金融支持新型农业经营主体发展，为乡村振兴提供助力。滁州市成立绿色金融改革专班、建立数据共享平台与绿色项目库，实现了"专班化推进、项目化实施、差异化供给"的目标，为当地绿色金融发展提供较大支持。阜阳市在碳金融方面突破较大，成功发放全省首笔碳排放权质押贷款、落地全省首笔煤炭清洁高效利用专项再贷款，并且不断创新绿色金融产品。

　　较往年相比，马鞍山、黄山、池州绿色发展水平有着明显进步。其中马鞍山市通过再贴现资金切实降低绿色债券的融资成本，支持已上市绿色企业布局绿色全产业链并进行再融资，支持绿色投资。同时，马鞍山市通过试点环境污染责任保险、创新森林保险险种、与保险公司合作探索开发特色险种等方式推动绿色保险发展。黄山市积极探索绿色金融服务改革，创新性推出"税绿新安贷""绿色 G 贴"等绿色金融产品，并首次将保险工具运用到环境保护工作上，完善绿色金融考核机制，大力推动银行业参与绿色金融。池州市通过建立绿色项目库，探索开展林权、用水权、排污权交易的方式完善环境权益交易市场。

　　总体而言，安徽省各市积极采取措施推动绿色金融发展，呈现良好的发展态势。安徽省在降低绿色企业融资成本、创新绿色金融产品、推动绿色保险发展、完善权益交易市场等方面取得了明显的成果，绿色金融竞争力稳步提高。

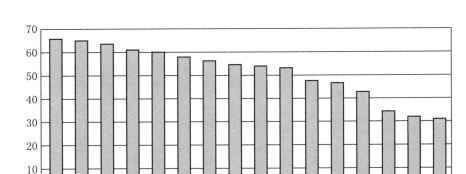

图 2-5　安徽省城市绿色金融发展评分排名

四、长三角绿色金融竞争力影响因素分析

（一）经济发展水平

研究采用人均 GDP 指标来衡量各城市的经济发展水平。从下面的相关性检验可以看出，长三角城市群各城市的绿色金融发展水平与其经济发展水平有着一定的正相关关系，相关系数为 0.5462。表明经济发展状况较好的城市普遍拥有更高的绿色金融水平。

绿色金融发展竞争力评级高于 A（包括 A 及 A+）的 17 个城市中共有 12 个城市的人均 GDP 已经突破 10 万元人民币，分别是湖州、上海、杭州、宁波、苏州、南京、嘉兴、常州、南通、无锡、金华和绍兴。另外还有五个评级高于 A（包括 A 及 A+）的城市人均 GDP 水平在 10 万元人民币以内，其中衢州、温州、丽水等城市有较高得分。

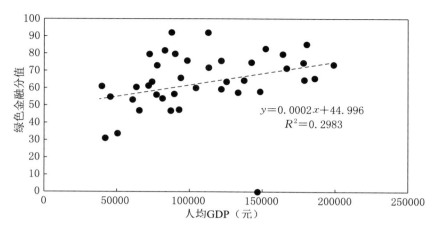

图2-6　绿色金融发展水平和经济发展水平的相关性检验

（二）城市化水平

从各城市的城市化水平来看，长三角城市群各城市的绿色发展水平和城镇化率有一定的正相关性，相关系数为0.5462。城市化水平最高的上海、南京、杭州、无锡、苏州等地在绿色金融上均有较好的表现，不仅在政策制度上更为完善，当地银行等金融机构在绿色金融领域的建设也更为成熟。随着城市化水平的提高，地方配套的金融设施更为完善、金融制度也更为完备，为绿色金融的发展提供了良好的平台。

同时，城市化是一把"双刃剑"，促进发展的同时可能会带来一系列环境问题，此时更需要针对当地的产业与生态环境特点，通过绿色金融手段促进经济水平与生态的均衡发展。但是，随着绿色观念的普及，城市化水平高的城市越来越重视生态问题，积极探索利用绿色金融助力环境保护。

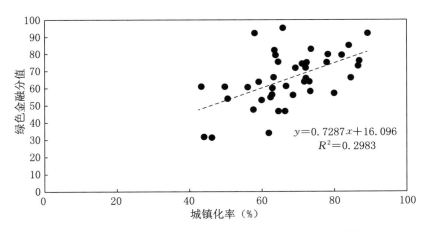

图 2-7　绿色金融发展水平和城市化水平的相关性检验

（三）产业结构

从产业结构来看，长三角绿色金融发展与产业结构相关。各城市绿色金融发展水平与第三产业占 GDP 的比重呈正相关，相关系数为 0.4163，与第一产业占 GDP 的比重呈现负相关关系，相关系数为 –0.6979。绿色金融的发展要求城市进行产业结构优化，发挥第三产业对环境治理的支持作用，同时通过提供绿色信贷服务、绿色基金等金融产品，促进第一、二产业的绿色转型，从整体上构建环保的产业体系。

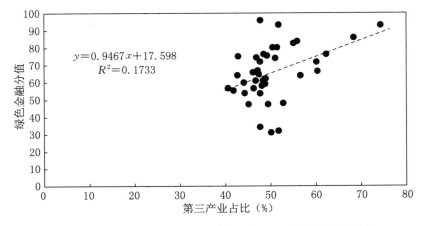

图 2-8　绿色金融发展水平和第三产业比重的相关性检验

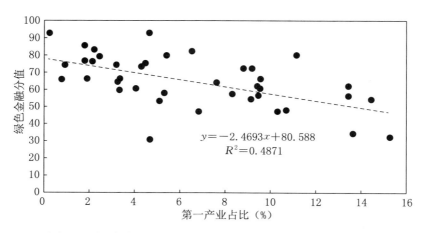

图 2-9　绿色金融发展水平和第一产业比重的相关性检验

（四）环境空气质量

　　从绿色金融发展水平与 $PM_{2.5}$ 年均浓度的相关性检验图和绿色金融发展水平与环境空气质量优良率的相关性检验图来看，各城市绿色金融得分与年平均可吸入细颗粒物浓度呈负相关，相关系数为 –0.67；与空气质量优良率呈正相关，相关系数为 0.26。这也反映出总体上，绿色金融得分较高的地区，环境空气质量较好。绿色金融的发展有助于促进绿色产业的发展与城市生态环境的治理，对城市环境质量有着积极作用。

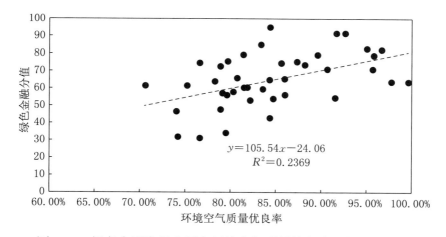

图 2-10　绿色金融发展水平和环境空气质量优良率的相关性检验

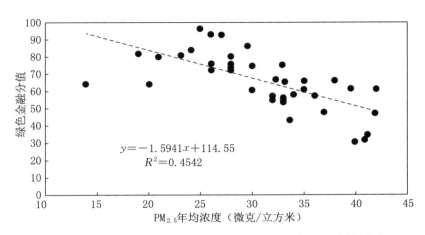

图 2-11　绿色金融发展水平和 PM$_{2.5}$ 年均浓度的相关性检验

第三节　长三角城市绿色金融竞争力分析

2023 年度长三角绿色金融竞争力综合评价平均分为 82.07 分，处于平均分以上的城市有 19 个，得分前十名的城市分别为湖州、衢州、上海、杭州、温州、丽水、宁波、台州、苏州、南京。本节将分别梳理长三角 41 个城市的社会经济和生态环保发展现状和城市绿色金融竞争力评价结果。

一、上海市绿色金融竞争力

（一）社会经济和生态环保发展现状（2023 年）

全年实现地区生产总值 47218.66 亿元，比上年增长 5.0%。其中，第一产业增加值 96.09 亿元，下降 1.5%；第二产业增加值 11612.97 亿元，增长 1.9%；第三产业增加值 35509.60 亿元，增长 6.0%。第三产业增加值占地区生产总值的比重为 75.2%。

全年全社会用于环境保护的资金投入约 1099.93 亿元，相当于地区生产总值的比例为 2.3% 左右。全年环境空气质量（AQI）优良率为 87.7%，同比上升 0.6 个百分点；可吸入颗粒物（PM_{10}）年日均值 48 微克每立方米，同比上升 23.1%；细颗粒物（$PM_{2.5}$）年日均值 28 微克每立方米，同比上升 12.0%。全年新建绿地 1044 公顷（其中公园绿地 523 公顷）、绿道 231 公里、立体绿化 43 万平方米，森林覆盖率达到 18.8%。全年新建公园 162 座，全市城乡公园数量达到 832 座。

（二）城市绿色金融竞争力评价（2023 年）

绿色金融竞争力评分等级 A+。其中，制度政策发展较好，市场活力表现领先，保障措施相对完善。区域协作度评分 12，与周边地区建立了较为统一的跨区域监管机制。目标达标度评分 25，在绿色信贷、绿色证券、绿色保险以及环境风险管理等领域有待提高。

二、浙江省城市绿色金融竞争力

（一）杭州市

1. 社会经济和生态环保发展现状（2023 年）

全市实现地区生产总值 20059 亿元，比上年增长 5.6%。其中，第一产业增加值 347 亿元，增长 3.7%；第二产业增加值 5667 亿元，增长 1.8%；第三产业增加值 14045 亿元，增长 7.2%。三次产业结构为 1.7∶28.3∶70.0。按常住人口计算，全市人均地区生产总值为 161129 元。

全年市区空气优良天数 308 天，优良率 84.4%。市区细颗粒物（$PM_{2.5}$）平均浓度 30.6 微克每立方米。二氧化氮年均浓度值 30 微克每立方米，二氧化硫年均浓度值 6 微克每立方米。市控以上断面水质Ⅲ类以上比例保持 100%，首获省"五水共治"大禹鼎金鼎、"无废城市"清源杯，入选首批国家碳达峰试点城市。森林覆盖率达 65.35%。全年规模以上工业企业能源消费量比上年增长 2.5%，单位增加值能耗与上年持平。

2. 城市绿色金融竞争力评价（2023 年）

绿色金融竞争力评分等级 A+。其中，制度政策发展较好，市场活力表现领先，保障措施相对完善。区域协作度评分 12，缺乏跨区域的环境法规、标准、监管机制。目标达标度评分 22，在绿色金融产品、国际交流合作以及环境风险管理等领域有待提高。

（二）宁波市

1. 社会经济和生态环保发展现状（2023 年）

全市实现地区生产总值 16452.8 亿元，比上年增长 5.5%。分产业看，第一产业实现增加值 383.8 亿元，增长 4.7%；第二产业实现增加值 7540.5 亿元，增长 5.7%；第三产业实现增加值 8528.5 亿元，增长 5.3%。三次产业之比为 2.3∶45.8∶51.9。按常住人口计算，全市人均地区生产总值为 170363 元。

全年中心城区空气质量优良天数比率为 93.7%，在全国 168 个重点城市排名第 18；$PM_{2.5}$ 浓度为 22 微克每立方米。全年全市完成排污权交易 857 笔，保障新建项目所需的 COD、氨氮、二氧化硫和氮氧化物等环境要素指标近 540 吨，新增排污权抵质押贷款 18 笔、贷款余额 4.6 亿元。全市地表水市控以上断面水质优良率为 96.8%，同比上升 3.2 个百分点；13 个县级以上集中式饮用水水源地水质达标率 100%。年末全市累计建成国家级生态文明建设示范县（区）6 个、省级生态文明建设示范县（区）10 个、国家级"绿水青山就是金山银山"实践创新基地 2 个。累计建成 4 个省级生物多样性体验地，体验地数量位居全省第一，生物多样性友好指数位居全省第二。

2. 城市绿色金融竞争力评价（2023 年）

绿色金融竞争力评分等级 A。制度政策发展良好，市场活力表现优秀，保障措施有待加强。区域协作度评分 12，缺乏长三角交界地区环境协作机制建设。目标达标度评分 23，在绿色金融产品、国际交流合作等领域有待提高。

（三）温州市

1. 社会经济和生态环保发展现状（2023 年）

近年来，温州市经济持续稳定增长，具有活力。2023 年全市实现地区生产总值 8730.6 亿元，比上年增长 6.9%。分产业看，第一、二、三产业增加值分别为 179.6 亿元、3606.7 亿元和 4944.3 亿元，比上年分别增长 4.9%、7.2% 和 6.8%。三次产业增加值结构由上年的 2.0∶42.1∶55.9 调整为 2.1∶41.3∶56.6。人均地区生产总值为 89821 元，比上年增长 6.3%。

全市已建成国家级生态示范县（市、区）4 个，省级生态县（市、区）11 个，省级生态文明教育基地 24 家，国家"绿水青山就是金山银山"实践创新基地 2 个。据市生态环境监测中心监测，市区环境空气质量达到 Ⅰ 级标准的有 153 天，达到 Ⅱ 级标准的有 203 天，

全年市区 $PM_{2.5}$ 年均浓度为 26 微克每立方米，市区空气质量优良率 97.5%。全市地表水市控及市控以上站位 77 个，水质在 I 至 III 类的站位 66 个，比上年增加 5 个。市区有取水的两个饮用水源地（泽雅水库和赵山渡水库）按《地表水环境质量标准》III 类水评价，年度达标率为 100%。全市规模以上工业能耗总量比上年增长 6.3%，单位工业增加值能耗比上年下降 2.9%。其中八大高耗能行业能源消费量增长 5.7%，单位增加值能耗下降 0.6%。规模以上工业中，八大高耗能行业增加值下降 0.6%，能耗占比 43.9%，占比降低 0.1 个百分点。

2. 城市绿色金融竞争力评价（2023 年）

绿色金融竞争力评分等级 A+。其中，制度政策发展较好，市场活力表现领先，保障措施相对完善。区域协作度评分 12，缺乏统一的环境质量监测标准和污染物排放标准。目标达标度评分 23，绿色金融市场整体发展不足。

（四）嘉兴市

1. 社会经济和生态环保发展现状（2023 年）

全市生产总值 7062.45 亿元，比上年增长 6.3%。分产业看，第一产业增加值 141.16 亿元，增长 3.8%；第二产业增加值 3776.84 亿元，增长 6.2%；第三产业增加值 3144.45 亿元，增长 6.4%。按常住人口计算，2023 年全市人均 GDP 为 126851 元，比上年增长 5.6%。

在生态环保方面，2023 年城市污水年排放总量 3.73 亿立方米，比上年增长 14.06%；城市污水处理量为 3.69 亿立方米，增长 14.59%；城市污水处理率达 98.56%。城市生活垃圾无害化处理率

100%，城市供水普及率 100%，城市燃气普及率 100%。人均公园绿地面积 17.88 平方米，建成区绿地率达 39.03%。全市水资源总量为 21.20 亿立方米，全年平均降水深度为 1196.4 毫米（折合降水量 50.52 亿立方米）。全市 83 个市控以上地表水监测断面中，Ⅲ类及以上水质断面占比达 98.8%；和上年相比，Ⅲ类及以上断面下降 1.2 个百分点，Ⅳ类断面提高 1.2 个百分点。市区城市环境空气 $PM_{2.5}$ 年平均浓度 29 微克每立方米（剔除沙尘影响），比上年增长 11.5%；日空气质量（AQI）优良天数比例为 83.6%，比上年提高 2.8 个百分点。全市规模以上工业能耗总量（等价值，下同）2031.48 万吨标准煤，比上年增长 8.9%，单位增加值能耗上升 1.2%。其中，八大高耗能行业能耗总量 1441.47 万吨标准煤，增长 7.4%，单位增加值能耗上升 1.4%。

2. 城市绿色金融竞争力评价（2023 年）

绿色金融竞争力评分等级 A。制度政策发展良好，市场活力表现优秀，保障措施有待加强。区域协作度评分 12，有较为完善的跨区域合作治理机制。目标达标度评分 21，绿色金融市场整体发展滞后。

（五）湖州市

1. 社会经济和生态环保发展现状（2023 年）

全年实现地区生产总值 4015.1 亿元，比上年增长 5.8%。分产业看，第一产业增加值 158.9 亿元，增长 5.0%；第二产业增加值 1978.7 亿元，增长 4.5%；第三产业增加值 1877.5 亿元，增长 7.1%。三次产业增加值结构调整为 4.0:49.3:46.7。按常住人口计算的人均 GDP 为 117195 元，增长 5.3%。

在生态环保方面，获评 2023 中国最具生态竞争力城市。实施能耗"双控"三年攻坚行动，规上工业单位增加值能耗下降 1.3%，成为首批国家碳达峰试点城市和减污降碳协同创新试点城市。推进生态修复，建成省级美丽河湖 11 条，治理中小河流 82.4 公里，新增造林 2 万亩，修复废弃矿山 9 座。深化生态文明国际合作，成为全球首个响应"昆明—蒙特利尔全球生物多样性框架"城市。$PM_{2.5}$ 平均浓度 34 微克每立方米；空气优良率 79.5%；地表水监测断面Ⅲ类及以上水质比例、交接断面水质满足功能要求比例、县级以上集中式饮用水水源地水质达标率均保持 100%，入太湖水质连续 16 年保持在Ⅲ类及以上。深入打好污染防治攻坚战，"五水共治"九夺"大禹鼎"并三获金鼎，蝉联全省"无废城市"建设三星级"清源杯"。

2. 城市绿色金融竞争力评价（2023 年）

绿色金融竞争力评分等级 A+。其中，制度政策发展较好，市场活力表现领先，保障措施相对完善。区域协作度评分 12，和周边地区特别是长三角范围内建立了良好的跨区域协调治理机制并搭建了相应的平台。目标达标度评分 29，在推动证券市场支持绿色投资和开展绿色金融国际合作方面有待进一步提高。

（六）绍兴市

1. 社会经济和生态环保发展现状（2023 年）

全市生产总值 7791 亿元，比上年增长 7.8%，增速居全省第二位。分产业看，第一、二、三产业增加值分别为 239 亿元、3729 亿元、3823 亿元，分别增长 3.9%、7.6% 和 8.2%，三次产业结构为 3.1∶47.9∶49.0。人均地区生产总值 144992 元，增长 7.2%。

全年共完成国家造林 0.9 万亩，森林质量精准提升面积 11.8 万亩，新建省级森林城镇 3 个，"一村万树"示范村 26 个。全市空气质量综合指数 3.53，$PM_{2.5}$ 浓度 30 微克每立方米，空气质量优良天数比例达 88.8%。11 个地表水国控断面、25 个省控断面、128 个市级考核断面 Ⅰ—Ⅲ 类水比例均为 100%；县级及以上饮用水源水质达标率保持 100%。年末生活垃圾分类覆盖率、资源化利用率、无害化处理率均达 100%，分类处理率 84.1%，回收利用率 66.9%，城乡生活垃圾总量下降 0.6%。全社会用电量 559.93 亿千瓦时，比上年增长 6.4%。其中，城乡居民生活用电量 67.25 亿千瓦时，下降 2.3%；工业用电量 410.91 亿千瓦时，增长 7.1%。全年 GDP 能耗下降 1.9%。规模以上工业能耗总量比上年增长 6.0%，单位工业增加值能耗下降 4.4%，其中八大高耗能行业单位增加值能耗下降 3.1%。

2. 城市绿色金融竞争力评价（2023 年）

绿色金融竞争力评分等级 A。制度政策发展良好，市场活力表现优秀，保障措施有待加强。区域协作度评分 11，与周边地区建立了较为统一的跨区域监管机制。目标达标度评分 21，在绿色信贷、绿色证券、绿色保险以及环境风险管理等领域有待提高。

（七）金华市

1. 社会经济和生态环保发展现状（2023 年）

全市地区生产总值 6011.27 亿元，比上年增长 6.8%。全市人均 GDP 为 84133 元，增长 6.4%。分产业看，第一产业增加值 156.41 亿元，增长 3.6%；第二产业增加值 2367.41 亿元，增长 5.1%；第三产业增加值 3487.45 亿元，增长 8.0%。第一、二、三产业增加值对

GDP 增长的贡献率分别为 1.6%、29.9%、68.5%，三次产业增加值结构为 2.6∶39.4∶58.0。

在生态环保方面，全市 47 个干流地表水断面和 11 个县级以上集中式饮用水源地水质保持 100% 达标，跨行政区域河流交接断面水质保护管理获考核全优，成功夺取 3 座 "大禹鼎" 金鼎。金华市区 $PM_{2.5}$ 平均浓度 31 微克每立方米，AQI 优良率 91.26%，全市 6 项主要空气质量指标连续 5 年达到国家二级标准，全域创成省级 "清新空气示范区"。捧获 "无废城市" 清源杯 6 座。全市重点建设用地安全利用率 100%。积极探索建设 "无废供应链"，11 个 "无废细胞" 入选省级百优名单，4 个案例入选省 "无废之窗" 典型案例，"无废指数" 跻身全省第 3。高规格举办习近平生态文明思想浙江论坛，高标准完成亚运环境质量保障，2022 年污染防治攻坚战成效考核获得优秀，美丽浙江建设考核居全省第 2 位，生态环境公众满意度连续 12 年提升。

2. 城市绿色金融竞争力评价（2023 年）

绿色金融竞争力评分等级 A。制度政策发展良好，市场活力表现优秀，保障措施有待加强。区域协作度评分 12，与周边地区建立了较为统一的跨区域监管机制。目标达标度评分 21，在绿色证券、绿色保险以及国际合作等领域有待提高。

（八）衢州市

1. 社会经济和生态环保发展现状（2023 年）

全市生产总值 2125.20 亿元，比上年增长 6.8%。分产业看，第一、二、三产业增加值分别为 91.20 亿元、908.74 亿元和 1125.26

亿元，比上年分别增长 5.1%、6.8% 和 7.0%。三次产业增加值结构为 4.3∶42.8∶52.9。按常住人口计算，2023 年全市人均地区生产总值 92662 元，比上年增长 6.6%。

在生态环保方面，全年完成造林更新面积 2.22 千公顷，其中人工造林 0.65 千公顷，迹地更新 1.57 千公顷。森林抚育面积 7.29 千公顷，完成义务植树 348.72 万株。全市地表水环境功能区达标率为 100%，县级以上城市集中式饮用水水源地水质达标率为 100%，全市跨行政区域河流交接断面水质达标率为 100%。市区空气质量（AQI）优良天数比例 94%；市区 $PM_{2.5}$ 浓度平均值为 31 微克每立方米。全年规模以上工业企业能源消费量比上年增长 7.7%，单位工业增加值能耗下降 0.1%。

2. 城市绿色金融竞争力评价（2023 年）

绿色金融竞争力评分等级 A+。其中，制度政策发展较好，市场活力表现领先，保障措施相对完善。区域协作度评分 12，和周边地区建立了跨区域的监管标准并搭建了数据共享平台。目标达标度评分 27，在推动证券市场支持绿色投资、开展绿色金融国际合作和资产风险防范体系建设方面有待进一步提高。

（九）舟山市

1. 社会经济和生态环保发展现状（2023 年）

地区生产总值为 2100.8 亿元，比上年增长 8.2%。分产业看，第一产业增加值 183.8 亿元，增长 4.0%；第二产业增加值 1004.3 亿元，增长 10.6%；第三产业增加值 912.7 亿元，增长 6.5%。三次产业增加值结构为 8.7∶47.9∶43.4。人均地区生产总值 17.9 万元，增长 7.9%。

全年 PM$_{2.5}$ 平均浓度为 17 微克每立方米。日空气质量优良达标天数比例为 96.7%，比上年下降 1.1 个百分点。区域环境噪声平均等效声级 53 分贝。全市达到一、二类海水水质标准的海域面积占 48.9%；四类和劣四类海水海域面积占 42.3%；近岸海域环境功能区达标率 28.3%，比上年提高 2.2 个百分点。全社会用电量 192.0 亿千瓦时，比上年增长 5.1%。其中，工业用电 148.4 亿千瓦时，增长 4.4%；城乡居民生活用电 14.7 亿千瓦时，增长 6.4%。

2. 城市绿色金融竞争力评价（2023 年）

绿色金融竞争力评分等级 A−。制度政策发展有待提高，市场活力表现良好，保障措施有待补充。区域协作度评分 12，没有与周边地区建立起跨区域监管机制。目标达标度评分 15，绿色金融市场整体发展欠缺。

（十）台州市

1. 社会经济和生态环保发展现状（2023 年）

全市实现生产总值 6240.68 亿元，比上年增长 4.5%。其中，第一产业增加值 334.03 亿元，增长 3.8%；第二产业增加值 2628.43 亿元，增长 1.3%；第三产业增加值 3278.22 亿元，增长 7.2%；三次产业结构为 5.4∶42.1∶52.5。市区实现生产总值 2211.34 亿元，比上年增长 4.9%。

在生态环保方面，全市省控以上 32 个断面中Ⅰ—Ⅲ水质断面占比 90.6%，地表水满足水环境功能区达标率为 96.9%。城镇生活垃圾无害化处理率为 100%。台州城市环境空气质量综合指数为 2.85，全省排名第 3，全国 168 个重点城市中暂列第 13；AQI 优良率为

95.9%，PM$_{2.5}$ 浓度为 23 微克每立方米；市区环境空气质量达到二级标准以上的天数有 350 天，占全年总天数的 95.9%。全市万元生产总值综合能耗预计比上年上升 2.5% 左右。

2. 城市绿色金融竞争力评价（2023 年）

绿色金融竞争力评分等级 A。制度政策发展良好，市场活力表现优秀，保障措施有待加强。区域协作度评分 12，与周边地区建立了较为统一的跨区域监管机制。目标达标度评分 22，在绿色证券、绿色保险以及国际合作等领域有待提高。

（十一）丽水市

1. 社会经济和生态环保发展现状（2023 年）

全市生产总值为 1964.4 亿元，比上年增长 7.5%。分产业看，第一、二、三产业增加值分别为 115.0 亿元、740.1 亿元和 1109.3 亿元，分别增长 4.8%、6.7% 和 8.4%。三次产业结构为 5.8∶37.7∶56.5。人均 GDP 为 77908 元，增长 7.2%。

全年完成造林更新面积 1.5 万亩，其中人工更新 0.7 万亩。全市完成千万亩森林质量精准提升工程 3.7 万公顷，其中战略储备林 1.3 万公顷，美丽生态廊道 0.9 万公顷，健康林 1.5 万公顷。全市森林覆盖率 79.9%，森林蓄积量 1.2 亿立方米，省级以上公益林 1282.2 万亩。市区 PM$_{2.5}$ 浓度平均为 21 微克每立方米，日空气质量（AQI）优良天数比例为 98.9%。县级以上城市集中式饮用水水源地水质达标率为 100%。跨行政区域河流交接断面中，满足水环境功能区目标水质要求断面占 100%。全市建成区绿地面积 4947.4 公顷，其中公园绿地面积 1627.5 公顷，建成区绿地率 39.4%，人均公园绿地面积 15.4 平方米。全年规模以上工业企业能源消费比上年增长 9.1%，单位工业增加值能耗上升 1.1%。

2. 城市绿色金融竞争力评价（2023 年）

绿色金融竞争力评分等级 A+。其中，制度政策发展较好，市场活力表现领先，保障措施相对完善。区域协作度评分 12，缺少跨区域的环境法规、标准、监管机制。目标达标度评分 26，绿色证券市场发展较为缓慢。

三、江苏省城市绿色金融竞争力

（一）南京市

1. 社会经济和生态环保发展现状（2023 年）

经济发展呈现良好势头。全市全年实现地区生产总值 17421.40 亿元，比上年增长 4.6%。分产业看，第一产业增加值 317.75 亿元，增长 1.7%；第二产业增加值 5929.00 亿元，增长 2.8%；第三产业增加值 11174.65 亿元，增长 5.6%。三次产业占比由上年的 1.9∶35.4∶62.7 调整为 1.8∶34.0∶64.2，人均 GDP 达 183015 元。

全年单位 GDP 能耗下降 1.7%。全市全社会用电量 747.27 亿千瓦时，比上年增长 3.1%。规模以上工业综合能源消费量 3796.71 万吨标煤，比上年增长 2.3%。全年共完成 2045 个减排项目，其中水污染减排项目 61 个、大气污染减排项目 1984 个，主要污染物全部完成省政府下达的年度削减任务。$PM_{2.5}$ 年均浓度 29 微克每立方米，全年空气质量达良好以上天数为 299 天、优良天数比率为 81.9%。地表水国省考断面水质优良比例 100%，长江南京段水质符合国家地表水环境质量Ⅱ类水质标准，主要集中式饮用水源地水质达标率 100%。

2. 城市绿色金融竞争力评价（2023 年）

绿色金融竞争力评分等级 A。制度政策发展良好，市场活力表现优秀，保障措施有待加强。区域协作度评分 11，制定并发布了污染物排放标准，与周边地区建立了较为统一的跨区域监管机制。目标达标度评分 22，在绿色信贷、绿色 PPP，以及环境权益交易等领域有待提高。

（二）无锡市

1. 社会经济和生态环保发展现状（2023 年）

全年实现地区生产总值 15456.19 亿元，比上年增长 6.0%。按常住人口计算人均地区生产总值达到 20.63 万元。分产业看，全市第一产业实现增加值 136.50 亿元，比上年增长 2.4%；第二产业实现增加值 7376.85 亿元，比上年增长 6.9%；第三产业实现增加值 7942.84 亿元，比上年增长 5.3%；三次产业比例调整为 0.9∶47.7∶51.4。

全市 $PM_{2.5}$ 年均浓度 28 微克每立方米，与上年持平；环境空气质量优良天数比率为 82.5%，为全省 $PM_{2.5}$ 年均浓度和空气质量优良天数唯一"双达标"城市。集中式饮用水源地水质达标率 100%，全市功能区昼间和夜间噪声达标率分别为 96.9% 和 90.6%。年内市区新增绿地面积 306 公顷，人均公园绿地面积 15.28 平方米，建成区绿化覆盖率达到 44.52%。全年全社会用电量 864.07 亿千瓦时，比上年增长 3.7%。其中工业用电量 615.03 亿千瓦时，比上年增长 3.9%；城乡居民生活用电 97.09 亿千瓦时，比上年下降 5.5%。

2. 城市绿色金融竞争力评价（2023 年）

绿色金融竞争力评分等级 A。制度政策发展良好，市场活力表现优秀，保障措施有待加强。区域协作度评分 12，有较为统一的环境质量监测标准和污染物排放标准。目标达标度评分 20，在绿色信贷、绿色证券以及国际合作领域有待提高。

（三）徐州市

1. 社会经济和生态环保发展现状（2023 年）

全市实现地区生产总值 8900.44 亿元，比上年增长 7.1%。其中，第一产业增加值 770.97 亿元，增长 3.7%；第二产业增加值 3622.34 亿元，增长 7.0%；第三产业增加值 4507.13 亿元，增长 7.8%。三次产业结构调整为 8.7∶40.7∶50.6。全市人均地区生产总值 93227 元，增长 7.2%。

生态环境持续改善。全市林木覆盖率为 31.6%、比上年提高 0.1 个百分点。新建湿地保护小区 21 个，新增保护湿地面积 6.8 万亩，创建省级绿色矿山 2 家，实现在采绿色矿山创建全覆盖。完成造林绿化 5 万亩，新建省级绿美村庄 37 个。市区环境空气质量达到二级以上的天数为 241 天，优良率 66%；全年市区 $PM_{2.5}$ 浓度为 42.6 微克每立方米。44 个国省考断面全部达标，优Ⅲ比例为 97.7%，比上年提升 4.5 个百分点，水质情况达历年来最好水平。

2. 城市绿色金融竞争力评价（2023 年）

绿色金融竞争力评分等级 A-。制度政策发展有待提高，市场活力表现良好，保障措施有待补充。区域协作度评分 12，缺乏环境质量数据共享平台。目标达标度评分 18，绿色金融体系建设有待加强。

（四）常州市

1. 社会经济和生态环保发展现状（2023 年）

全年实现地区生产总值 10116.36 亿元，按不变价格计算，比上年增长 6.8%；按常住人口计算，人均地区生产总值达 18.84 万元，增长 6.5%。分三次产业看，第一产业增加值 178.92 亿元，增长 3.2%；第二产业增加值 4857.43 亿元，增长 7.1%；第三产业增加值 5080.01 亿元，增长 6.6%。三次产业增加值比例调整为 1.8∶48.0∶50.2。民营经济实现增加值 6761.25 亿元，比上年增长 7.3%；民营经济增加值占 GDP 比重达 66.8%，对全市经济增长的贡献率为 71.3%。

污染防治成效明显。全市 $PM_{2.5}$ 年均浓度 34.0 微克每立方米，连续两年达到国家二级标准；空气优良天数比率 78.8%，比上年提升 2.1 个百分点。长江常州段水质连续 6 年稳定保持 Ⅱ 类，国省考断面优 Ⅲ 比例 94.1%，达近十年来最好水平。全年完成 2383 项治气、1690 项治水、1787 项治土工程项目；完成 155 条支流支浜消劣整治，累计完成 910 个入河（湖）排污口规范化整治和 800 个"小微水体"整治。新增危险废物处置利用能力 23 万吨 / 年、有机废弃物处理能力 5 万吨 / 年。城乡生态环境持续优化。全年森林质量提升 1.54 万亩，林木覆盖率达 26.9%。成片造林 0.19 万余亩，其中混交林 0.13 万余亩，占比为 67.6%；珍贵彩色树种 0.18 万余亩，占比为 95.8%。实施创建"国家生态园林城市"工程项目 112 个，建成口袋公园 29 个、绿化景观路 21 条、立体绿化 8 处。持续推进生态绿城建设，累计增核 5415 亩、扩绿 1135 亩、连网 18 公里，荣获"国家生态文明建设示范区"称号。实施美丽乡村"十百千"工程，完成现代化宜居农房建设 1.5 万户，新增省级特色田园乡村 11 个。

2. 城市绿色金融竞争力评价（2023 年）

绿色金融竞争力评分等级 A。制度政策发展良好，市场活力表现优秀，保障措施有待加强。区域协作度评分 12，与周边地区建立了较为统一的跨区域监管机制。目标达标度评分 22，建立了较为完善的绿色金融产品体系。

（五）苏州市

1. 社会经济和生态环保发展现状（2023 年）

全年实现地区生产总值 24653.4 亿元，按可比价格计算比上年增长 4.6%，其中第一产业增加值 195.2 亿元，增长 3.1%；第二产业增加值 11541.4 亿元，增长 3.6%；第三产业增加值 12916.8 亿元，增长 5.5%，三次产业结构比例为 0.8∶46.8∶52.4。按常住人口计算，人均地区生产总值 19.06 万元，比上年增长 4.1%。

生态环境持续改善。市区 $PM_{2.5}$ 年均浓度 30 微克每立方米；市区空气质量优良天数比例 80.8%。国省考断面水质优Ⅲ比例 95%，比上年提高 2.5 个百分点。阳澄湖湖心水质首次达到Ⅲ类。七浦塘获评全国"最美家乡河"。太湖实现连续 16 年安全度夏。在全省"263"专项行动暨打好污染防治攻坚战考核中，连续 5 年位列第一方阵。绿色资源更加丰富。新增及改造城市绿地面积 264.2 万平方米，建成口袋公园和小微绿地 252 个。年末市区人均公园绿地面积 15.03 平方米，建成区绿化覆盖率达 44.99%。完成营造林 2.94 千公顷，新建及改造提升绿美村庄 10 个，林木覆盖率达 20.56%，新增受保护湿地面积 1.33 万公顷，湿地保护率达 72%。绿色转型深入实施。新增"近零碳"工厂 12 家、国家级绿色工业园区 2 家、绿色工厂 18 家。全年排定实施 VOCs 治理项目 1835 家。全市生活垃圾分类"三定一督"小区实现全覆盖，城乡生活垃圾无害化处理率达 100%。

2. 城市绿色金融竞争力评价（2023 年）

绿色金融竞争力评分等级 A。制度政策发展良好，市场活力表现优秀，保障措施有待加强。区域协作度评分 11，有较为统一的环境质量监测标准和区域合作机制。目标达标度评分 21，在推动绿色金融产品发展方面有待提高。

（六）南通市

1. 社会经济和生态环保发展现状（2023 年）

南通市全年实现地区生产总值 11813.3 亿元，比上年增长 5.8%。其中，第一产业增加值 519.6 亿元，增长 2.9%；第二产业增加值 5728.1 亿元，增长 7.1%；第三产业增加值 5565.5 亿元，增长 4.7%。全年三次产业结构比例为 4.4∶48.5∶47.1。按常住人口计算，人均地区生产总值 15.3 万元，增长 5.7%。

生态文明质量持续改善。全年 $PM_{2.5}$ 浓度 27 微克每立方米，优良天数比例 83.6%，两项指标均列全省第一。地表水国考以上断面优Ⅲ比例 100%，省考以上断面优Ⅲ比例 100%，主要入江支流和入海河流断面全面消除劣Ⅴ类。土壤保护和污染治理修复工作有力推进。化学需氧量、氨氮、氮氧化物、挥发性有机物四项主要污染物减排完成省下达任务。南通市创成国家生态文明建设示范区，全市累计建成国家"绿水青山就是金山银山"实践创新基地授牌命名 1 个，国家生态文明建设示范区 3 个，省级生态文明建设示范区全覆盖。

2. 城市绿色金融竞争力评价（2023年）

绿色金融竞争力评分等级 A。制度政策发展良好，市场活力表现优秀，保障措施有待加强。区域协作度评分 12，和周边地区建立了较为统一的跨区域监管标准并推动跨区域水利、生态环保等重大工程项目建设。目标达标度评分 21，在推动证券市场支持绿色投资、开展绿色金融国际合作方面需要进一步强化。

（七）连云港市

1. 社会经济和生态环保发展现状（2023年）

全年实现地区生产总值 4363.61 亿元，比上年增长 10.2%。其中，第一产业增加值 435.54 亿元，增长 4.2%；第二产业增加值 2011.68 亿元，增长 16.8%；第三产业增加值 1916.39 亿元，增长 5.4%。全年三次产业结构为 10.0:46.1:43.9。全市人均地区生产总值 94917 元，比上年增长 10.3%。

生态环境持续改善。全年 $PM_{2.5}$ 年均浓度 32 微克每立方米，空气优良天数比率 78.9%，扣除沙尘异常超标天后，实际为 81.0%。45 个国省考断面优 Ⅲ 类比例 93.3%。修复废弃矿山 1172 亩、湿地 0.43 万亩，完成绿化造林 2.21 万亩，林木覆盖率 27.4%。新增绿地 204 公顷、绿道 39 公里，建成口袋公园 47 个。获批省级生态园林城市，连岛入选全国首批"和美海岛"，生物多样性保护"月牙岛模式"成为省级示范。新增国家级绿色工厂 6 家。

2. 城市绿色金融竞争力评价（2023年）

绿色金融竞争力评分等级 A−。制度政策发展有待提高，市场活力表现良好，保障措施有待补充。区域协作度评分 10，缺乏跨区域的环境监管机制与标准。目标达标度评分 15，在绿色证券、绿色保险以及环境权益交易市场建设等领域有待提高。

（八）淮安市

1. 社会经济和生态环保发展现状（2023 年）

全年地区生产总值达 5015.06 亿元，比上年增长 7.8%。分产业看，第一产业增加值 462.95 亿元，增长 3.3%；第二产业增加值 2023.21 亿元，增长 5.8%；第三产业增加值 2528.90 亿元，增长 10.3%。三次产业结构调整为 9.2 : 40.4 : 50.4。人均地区生产总值 110328 元，增长 8.1%。

在生态环保方面，水环境国省考断面优 III 比例 93.0%；$PM_{2.5}$ 年均浓度 36 微克每立方米，优良天数比率 81.3%。整治农村黑臭水体 15 条，新增农村生活污水治理行政村 103 个，农村生活污水治理率达 44.0%。危险废物处置能力 11.6 万吨 / 年，综合利用能力 92.64 万吨 / 年。

2. 城市绿色金融竞争力评价（2023 年）

绿色金融竞争力评分等级 A–。制度政策发展有待提高，市场活力表现良好，保障措施有待补充。区域协作度评分 11，与周边地区建立了较为统一的跨区域监管机制。目标达标度评分 17，在绿色证券、绿色保险以及国际合作等领域有待提高。

（九）盐城市

1. 社会经济和生态环保发展现状（2023 年）

全市地区生产总值突破 7400 亿元，达 7403.9 亿元，比上年增

长 5.9%。分产业看，第一产业实现增加值 818.9 亿元，比上年增长
3.7%；第二产业实现增加值 2981.2 亿元，比上年增长 6.9%；第三产
业实现增加值 3603.8 亿元，比上年增长 5.5%，三次产业增加值比例
调整为 11.0：40.3：48.7。人均地区生产总值达 110681 元，比上年增
长 6.1%。

生态环境持续向好。持续打好蓝天、碧水、净土保卫战，全市空
气质量优良天数比例 83.4%，$PM_{2.5}$ 年均浓度 28 微克每立方米，空气
质量全省最优、全国前列，国省考和入海河流断面水质优 Ⅲ 比例达
100%。全市完成新造成片林 1.5 万亩，林木覆盖率 25.2%。

2. 城市绿色金融竞争力评价（2023 年）

绿色金融竞争力评分等级 A。制度政策发展良好，市场活力表现
优秀，保障措施有待加强。区域协作度评分 12，缺乏跨区域的生态
环保规划。目标达标度评分 22，在绿色证券、绿色保险以及环境权
益交易市场建设等领域有待提高。

（十）扬州市

1. 社会经济和生态环保发展现状（2023 年）

全市实现地区生产总值 7423.26 亿元，同比增长 6.0%。分产业
看，第一产业增加值 337.09 亿元，同比增长 3.7%；第二产业增加值
3509.6 亿元，同比增长 6.6%；第三产业增加值 3576.57 亿元，同比
增长 5.6%。

市区 $PM_{2.5}$ 年均浓度 34.3 微克每立方米，连续 3 年达到国家环境
空气质量二级标准。空气优良天数比例为 77.1%，15 个国考断面水
质达标率为 100%，优 Ⅲ 类断面比例为 86.7%；47 个省考断面水质达

标率为 100%，优Ⅲ类断面比例为 95.7%，无劣Ⅴ类水体。全市县级以上集中式饮用水源地水质达到或优于Ⅲ类标准比例为 100%，水质达到Ⅱ类标准比例为 66.7%。2023 年，扬州市区各功能区的昼、夜间噪声达标率分别为 97.5%、82.5%，总达标率为 90%。

2. 城市绿色金融竞争力评价（2023 年）

绿色金融竞争力评分等级 A-。制度政策发展有待提高，市场活力表现良好，保障措施有待补充。区域协作度评分 9，与周边地区建立了较为统一的跨区域监管机制。目标达标度评分 20，绿色金融市场整体发展存在空白。

（十一）镇江市

1. 社会经济和生态环保发展现状（2023 年）

全市实现地区生产总值 5264.07 亿元，比上年增长 6.3%。其中，第一产业增加值 167.52 亿元，增长 3.4%；第二产业增加值 2507.36 亿元，增长 6.0%；第三产业增加值 2589.19 亿元，增长 6.7%。三次产业增加值结构为 3.2∶47.6∶49.2。全市人均地区生产总值达 16.33 万元，增长 6.1%。

全年新增各类城市绿地面积 178.65 公顷，人均公园绿地面积 15.93 平方米。林木覆盖率、建成区绿化覆盖率分别达 25.6%、42.5%。全年全社会用电量 306.80 亿千瓦时，比上年增长 2.8%，其中城乡居民生活用电量 39.41 亿千瓦时，下降 7.0%。全市拥有区域供水厂 8 座，总供水能力 126 万吨/日，其中市区自来水供水能力 70 万吨/日。全年国控站点 $PM_{2.5}$ 年均浓度为 37.1 微克每立方米，空气优良天数比率 74.5%。全年地表水国考断面、省考断面优Ⅲ比例均为 100%。

2. 城市绿色金融竞争力评价（2023 年）

绿色金融竞争力评分等级 A-。制度政策发展有待提高，市场活力表现良好，保障措施有待补充。区域协作度评分 11，与周边地区建立了较为统一的跨区域监管机制。目标达标度评分 18，在绿色金融产品发展、环境风险管理以及国际合作等领域有待提高。

（十二）泰州市

1. 社会经济和生态环保发展现状（2023 年）

全年实现地区生产总值 6731.66 亿元，同比增长 6.8%。分产业看，第一产业增加值 344.71 亿元，增长 4.1%；第二产业增加值 3258.62 亿元，增长 7.4%；第三产业增加值 3128.33 亿元，增长 6.4%。全年三次产业结构比例为 5.1:48.4:46.5。按常住人口计算，人均地区生产总值 149383 元，增长 6.9%。

生态环境质量保持优良。全年 $PM_{2.5}$ 年平均浓度 34.2 微克每立方米；空气质量优良天数比率为 80.5%；国省考断面水质优 III 比例保持 100%，污水集中处理率提高 0.76 个百分点。国家生态文明建设示范市 4 个，较上年增加 1 个。节能降耗成效显著。全年规模以上工业综合能耗 967.1 万吨标准煤，同比下降 0.83%；规模以上工业万元产值能耗 0.1189 吨标准煤 / 万元，下降 4.6%。

2. 城市绿色金融竞争力评价（2023 年）

绿色金融竞争力评分等级 A-。制度政策发展有待提高，市场活力表现良好，保障措施有待补充。区域协作度评分 11，缺少跨区域的环境法规、标准、监管机制。目标达标度评分 15，在绿色证券、绿色保险以及环境权益交易市场建设等领域有待提高。

（十三）宿迁市

1. 社会经济和生态环保发展现状（2023 年）

全市实现地区生产总值 4398.07 亿元，比上年增长 7.8%。分产业看，第一产业实现增加值 389.50 亿元，增长 4.9%；第二产业实现增加值 1941.95 亿元，增长 8.9%；第三产业实现增加值 2066.62 亿元，增长 7.3%。全市人均地区生产总值 88379 元，比上年增长 8.0%。

生态环境进一步优化。围绕"江苏生态大公园"发展定位，持续深入打好蓝天、碧水、净土保卫战，以高品质生态环境支撑高质量发展。全市空气质量优良天数比例达 78.5%，$PM_{2.5}$ 平均浓度下降到 35 微克每立方米，地表水国省考断面水质达标率 100%，优Ⅲ水体比例 96%，比上年上升 4 个百分点，创历史最好水平。全市城乡生活垃圾无害化处理率、乡镇污水处理设施覆盖率均达 100%，生态环境质量持续提升。绿色转型成效明显。全市可再生能源发电量增长 17.9%，占全社会发电量的 38.3%。深化木材加工、铸造等行业专项整治，治理"散乱污"企业 200 余家，建成国家级绿色工厂 7 个。"耿车蝶变"成为全省践行"两山"理念典型案例。

2. 城市绿色金融竞争力评价（2023 年）

绿色金融竞争力评分等级 A-。制度政策发展有待提高，市场活力表现良好，保障措施有待补充。区域协作度评分 11，缺乏跨区域的生态环保规划。目标达标度评分 18，在绿色金融产品、国际交流合作等领域有待提高。

四、安徽省城市绿色金融竞争力

（一）合肥市

1. 社会经济和生态环保发展现状（2023 年）

全年生产总值 12673.78 亿元，比上年增长 5.8%。其中，第一产业增加值 377.20 亿元，增长 3.5%；第二产业增加值 4642.21 亿元，增长 7.1%；第三产业增加值 7654.38 亿元，增长 5.1%。三次产业结构为 3.0：36.6：60.4。按常住人口计算，人均 GDP 130074 元，首次突破 13 万元。

年末全市共有县级环境监测站 5 个。可吸入颗粒物（PM_{10}）年均浓度为 61.6 微克每立方米，比上年下降 2.7%。细颗粒物（$PM_{2.5}$）年均浓度为 34.3 微克每立方米，比上年上升 6.2%。全年空气质量优良天数 314 天，优良率 86%，连续三年保持最好水平，空气质量连续三年达到国家二级标准。20 个国考断面全部达标，水质优良率 90%。31 个省考断面全部达标，水质优良率达 100%，创历史新高。巢湖水质持续向好，县级及以上在用饮用水水源地水质达标率 100%。

2. 城市绿色金融竞争力评价（2023 年）

绿色金融竞争力评分等级 A-。制度政策发展有待提高，市场活力表现良好，保障措施有待补充。区域协作度评分 11，与周边地区建立了较为统一的跨区域监管机制。目标达标度评分 20，在绿色信贷、绿色证券以及国际合作等领域有待提高。

（二）淮北市

1. 社会经济和生态环保发展现状（2023 年）

全年全市实现 GDP 1365.5 亿元，比上年增长 5.3%。其中，第一产业增加值 89.7 亿元，增长 3.6%；第二产业增加值 584.9 亿元，增长 6.1%；第三产业增加值 690.9 亿元，增长 5.0%。三次产业结构为 6.6 : 42.8 : 50.6。

在生态环保方面，全年新增城建绿地 37.32 万平方米，改造提升绿地 1.55 万平方米，新增街头绿地（游园）8 个，建成城市绿道 10.01 公里。建成区绿化覆盖率 47%，人均公园绿地面积 19.79 平方米。全市 $PM_{2.5}$ 平均浓度降至 42.2 微克每立方米，比上年下降 0.3 微克每立方米，完成省控目标。全年空气质量优良天数 256 天，优良率 72.9%；危险废物安全处置率 100%。年末全市拥有环境空气监测点 44 个。空气主要污染物二氧化硫、二氧化氮、PM_{10}、$PM_{2.5}$ 平均浓度分别为 7、26、70.3、42.2 微克每立方米。

2. 城市绿色金融竞争力评价（2023 年）

绿色金融竞争力评分等级 B。制度政策发展有待提高，市场活力表现一般，保障措施较为匮乏。区域协作度评分 10，缺少跨区域的环境法规、标准、监管机制。目标达标度评分 13，绿色金融市场整体发展滞后。

（三）亳州市

1. 社会经济和生态环保发展现状（2023 年）

全年生产总值 2215.8 亿元，比上年增长 6.3%。分产业看，第一产业增加值 286.4 亿元，增长 3.8%；第二产业增加值 772.2 亿元，增长 7.4%；第三产业增加值 1157.2 亿元，增长 6.3%。工业增加值 560.5 亿元，增长 6.4%。三次产业结构由上年的 13.7 : 34.3 : 52.0 调整为 12.9 : 34.9 : 52.2。按常住人口计算，人均地区生产总值 44941 元，比上年增加 2984 元。

在生态环保方面，全年市区环境空气质量优良天数为 270 天，空气质量达标率为 74.0%。PM$_{2.5}$ 平均浓度为 39.2 微克每立方米。区域环境噪声平均值为 55.8 分贝，交通噪声平均值为 64.0 分贝。涡河亳州、涡阳义门大桥、岳坊大桥、龙亢 4 个监测断面，水质类别均为Ⅲ类，均达到年度目标。集中式饮用水水源地水质达标率 100%。

2. 城市绿色金融竞争力评价（2023 年）

绿色金融竞争力评分等级 B–。制度政策发展有待提高，市场活力表现不佳，保障措施匮乏。区域协作度评分 10，缺乏跨区域环境协作机制建设和排污权等产权交易制度或交易平台。目标达标度评分 4，绿色金融市场整体发展有待提升。

（四）宿州市

1. 社会经济和生态环保发展现状（2023 年）

全年地区生产总值 2291.5 亿元，增长 5.8%。其中：第一产业增加值 338.4 亿元，增长 4.0%；第二产业增加值 739.2 亿元，增长 5.2%；第三产业增加值 1213.9 亿元，增长 6.9%。三次产业结构比为 14.8∶32.2∶53.0。人均地区生产总值 43387 元，增长 6.5%。

在生态环保方面，环境空气质量二级。城区空气质量优良率为 72.3%。全年能源消费总量 851.2 万吨标准煤，同比增长 6.1%，单位 GDP 能耗 0.3649 吨标准煤 / 万元，同比增长 0.3%。

2. 城市绿色金融竞争力评价（2023 年）

绿色金融竞争力评分等级 B–。制度政策发展有待提高，市场活力表现不佳，保障措施匮乏。区域协作度评分 10，缺乏跨区域的环境监管机制与标准。目标达标度评分 3，绿色金融市场整体发展有待提升。

（五）蚌埠市

1. 社会经济和生态环保发展现状（2023 年）

全年地区生产总值 2115.9 亿元，比上年增长 5.6%。分产业看，第一产业增加值 280.4 亿元，增长 3.7%；第二产业增加值 682.8 亿元，增长 6%；第三产业增加值 1152.7 亿元，增长 5.8%。三次产业结构由上年的 14.4∶32∶53.6 调整为 13.2∶32.3∶54.5。按常住人口计算，人均 GDP 64402 元，增长 6.4%。

全年 $PM_{2.5}$ 年均浓度 38.1 微克每立方米，空气质量平均优良天数比率为 80.8%，市级饮用水水源地水质达标率 100%。

2. 城市绿色金融竞争力评价（2023 年）

绿色金融竞争力评分等级 B。制度政策发展有待提高，市场活力表现一般，保障措施较为匮乏。区域协作度评分 11，缺乏跨区域的环境监管机制。目标达标度评分 11，绿色金融市场整体发展滞后。

（六）阜阳市

1. 社会经济和生态环保发展现状（2023 年）

全年实现生产总值 3323.7 亿元，比上年增长 5.8%。其中，第一产业增加值 433.1 亿元，增长 3.9%；第二产业增加值 1169.1 亿元，增长 4.9%；第三产业增加值 1721.5 亿元，增长 6.9%。三次产业结构由上年的 13.7∶35.8∶50.5 调整为 13.0∶35.2∶51.8。按常住人口计算，人均 GDP 为 40970 元，比上年增加 2246 元。

在生态环保方面，全市共有环境监测站 6 个。其中，市级站 1 个，县级站 5 个。阜阳城区空气质量达到国家 II 级标准 279 天，空气质量优良率 76.4%。全市有自然保护区 2 个，面积 2.6 万公顷。当年造林面积 7464.0 亩，其中用材林 2935.0 亩，经济林 104.4 亩，防护林 3365.3 亩，特种用途林 1059.3 亩。

2. 城市绿色金融竞争力评价（2023 年）

绿色金融竞争力评分等级 A−。制度政策发展有待提高，市场活力表现良好，保障措施有待补充。区域协作度评分 11，与周边地区建立了较为统一的跨区域监管机制。目标达标度评分 16，在绿色证券、绿色保险以及国际合作等领域有待提高。

（七）淮南市

1. 社会经济和生态环保发展现状（2023 年）

全年全市生产总值 1601.6 亿元，比上年增长 5.1%。其中，第一产业增加值 152.5 亿元，增长 3.3%；第二产业增加值 657.6 亿元，增长 4.0%；第三产业增加值 791.5 亿元，增长 6.2%。第一产业增加值占全市生产总值比重为 9.5%，第二产业增加值比重为 41.1%，第三产业增加值比重为 49.4%。按常住人口计算，人均地区生产总值 53005 元，比上年增加 2203 元，增长 5.5%。

年末全市已建成国家级自然保护地 5 个，省级自然保护地 5 个。当年完成人工造林面积 751.7 公顷。全市有市、县级环境监测站 3 个。全市空气质量优良天数比例 80.5%，比上年提升 1.0 个百分点。$PM_{2.5}$ 年均浓度 38.7 微克每立方米，比上年下降 4.4%；PM_{10} 年均浓度 65.9 微克每立方米，比上年下降 0.8%。全市地表水达到或好于Ⅲ类水体比例 87.5%。全年全市能源消费总量 1052.4 万吨标准煤，比上年减少 9.7 万吨标准煤，下降 0.9%；单位 GDP 能耗下降 5.7%。

2. 城市绿色金融竞争力评价（2023 年）

绿色金融竞争力评分等级 B-。制度政策发展有待提高，市场活力表现不佳，保障措施匮乏。区域协作度评分 10，缺乏跨区域的环境权益交易制度和生态环保规划。目标达标度评分 6，绿色金融体系建设有待完善。

（八）滁州市

1. 社会经济和生态环保发展现状（2023 年）

滁州全年实现生产总值 3782.0 亿元，同比增长 6.4%。其中，第一产业增加值 295.1 亿元，增长 3.7%；第二产业增加值 1862.5 亿元，增长 7.5%；第三产业增加值 1624.4 亿元，增长 5.8%。三次产业结构调整为 7.8∶49.2∶43.0，其中工业增加值占 GDP 的比重为 39.5%。按常住人口计算，人均地区生产总值 93325 元，比上年增长 5.6%。

全市共有自然保护区 2 个，自然保护区面积 2.24 万公顷，当年人工造林面积 2926.7 公顷。国家湿地公园 1 个，面积 226.8 公顷，全市湿地保护率 57.8%。国家级公益林 4.87 公顷，省级公益林 0.73 万公顷。共有污水处理厂 12 座。城市污水处理率 98.27%。滁州市 2023 年市区环境空气质量总体上属于良好水平，全市环境空气质量符合《环境空气质量标准》（GB3095-2012）一级标准的天数为 87 天，符合二级标准的天数为 203 天，一、二级标准的天数总计 290 天，占比 79.5%。全年轻度污染 69 天，中度污染 5 天，重度污染 1 天，污染天数占比 20.5%。

2. 城市绿色金融竞争力评价（2023年）

绿色金融竞争力评分等级 A−。制度政策发展有待提高，市场活力表现良好，保障措施有待补充。区域协作度评分 11，缺少承接产业转移示范区、跨省合作园区、飞地经济等平台的环境监管。目标达标度评分 12，绿色金融市场整体发展滞后。

（九）六安市

1. 社会经济和生态环保发展现状（2023年）

全年全市地区生产总值 2113.4 亿元，比上年增长 6.2%。其中，第一产业增加值 272.2 亿元，增长 4.5%；第二产业增加值 824.5 亿元，增长 6.9%；第三产业增加值 1016.7 亿元，增长 6.2%。三次产业结构从上年的 13.4∶38.7∶47.9 调整为 12.9∶39.0∶48.1。按常住人口计算，人均地区生产总值 48462 元，比上年增加 3047 元。

全市已建成自然保护区 5 个，其中国家级自然保护区 1 个（安徽天马国家级自然保护区），省级自然保护区 4 个（安徽舒城万佛山省级自然保护区、安徽霍山佛子岭省级自然保护区、安徽霍邱东西湖省级自然保护区、安徽金寨西河大鲵省级自然保护区）。年末全市共有县级环境监测站 7 个。全市 $PM_{2.5}$ 年平均浓度为 31 微克每立方米，空气质量优良率为 87.4%。全市地表水总体水质状况优良，22 个国控考核断面水质优良比例 95.5%，县级以上集中式饮用水水源地水质达标率 87.5%。

2. 城市绿色金融竞争力评价（2023年）

绿色金融竞争力评分等级 B+。制度政策发展有待提高，市场活力表现良好，保障措施有待完善。区域协作度评分 11，与周边地区建立了较为统一的环境质量监测标准与合作机制。目标达标度评分 15，在绿色证券、国际合作以及环境权益交易市场建设等领域有待提高。

（十）马鞍山市

1. 社会经济和生态环保发展现状（2023 年）

全年实现生产总值 2590.55 亿元，比上年增长 5.7%。其中，第一产业增加值 109.10 亿元，增长 4.0%；第二产业增加值 1205.18 亿元，增长 5.2%；第三产业增加值 1276.27 亿元，增长 6.3%。三次产业增加值比例为 4.2∶46.5∶49.3。人均 GDP11.8 万元，增长 4.0%。

纵深推进生态环境保护十大攻坚行动。整治长江干流入河排污口 931 个、农村黑臭水体 53 条，建设省级幸福河湖 4 条；$PM_{2.5}$ 平均浓度 35.1 微克每立方米、连续 3 年达国家二级标准。空气质量优良率 83.6%、改善幅度居全省第 2。国控、省控断面水质优良率均达100%，县级及以上饮用水水源地水质达标率 100%；宁马协同开展长江苏皖交界水域生态环境保护入选国家创新实践案例，薛家洼成为最美岸线。

2. 城市绿色金融竞争力评价（2023 年）

绿色金融竞争力评分等级 A-。制度政策发展有待提高，市场活力表现良好，保障措施有待补充。区域协作度评分 12，有较统一的跨区域标准、监管机制，与周边地区建立了合作机制。目标达标度评分 20，缺乏完善的绿色金融产品体系。

（十一）芜湖市

1. 社会经济和生态环保发展现状（2023 年）

全年全市实现生产总值 4741.07 亿元，比上年增长 5.7%。其中，第一产业增加值 182.99 亿元，增长 4.1%；第二产业增加值 2181.22 亿元，增长 5.9%；第三产业增加值 2376.86 亿元，增长 5.6%。工业增加值 1722.11 亿元，增长 5.9%。三次产业增加值比例由上年的 4.0∶46.3∶49.7 调整为 3.9∶46.0∶50.1。按常住人口计算，人均地区生产总值 126648 元，比上年增加 5018 元。

在生态环保方面，全市共有省、市、县级生态环境监测机构 3 个。全市 $PM_{2.5}$ 年均浓度为 34 微克每立方米，连续四年达到国家二级标准。市区环境空气质量达优良天数为 304 天，空气质量平均优良天数比率为 83.3%。

2. 城市绿色金融竞争力评价（2023 年）

绿色金融竞争力评分等级 A−。制度政策发展有待提高，市场活力表现良好，保障措施有待补充。区域协作度评分 11，制定并发布了污染物排放标准，与周边地区建立了较为统一的跨区域监管机制。目标达标度评分 14，建立了较为完善的绿色金融产品体系。

（十二）宣城市

1. 社会经济和生态环保发展现状（2023 年）

全市实现生产总值 1951.9 亿元，比上年增长 5.9%。其中，第一产业增加值 179.9 亿元，增长 4.2%；第二产业增加值 906.4 亿元，增长 5.8%；第三产业增加值 865.6 亿元，增长 6.5%。第一、二、三次产业增加值的比例为 9.2∶46.4∶44.4。按常住人口计算，人均地区生产总值 78358 元，增长 5.9%。

在生态环保方面，全市在 16 个国家考核断面中，Ⅰ～Ⅲ类水质断面比例为 93.8%，分别为Ⅱ类水质断面比例 81.3%、Ⅲ类水质断面比例 12.5%。全市在用县级以上城市集中式生活饮用水水源地水质达标率 100%。年末全市有市、县级生态环境监测机构 8 个。全年 $PM_{2.5}$ 平均浓度为 30 微克每立方米，空气质量优良率为 94.2%。全年全社会用电量 200.1 亿千瓦时，增长 7.5%。其中，工业用电量 143.8 亿千瓦时，增长 8.8%。全年规模以上工业综合能源消费量 468.8 万吨标准煤，增长 0.8%；单位工业增加值能耗 0.826 吨标准煤／万元，下降 5.1%。

2. 城市绿色金融竞争力评价（2023 年）

绿色金融竞争力评分等级 B+。制度政策发展有待提高，市场活力表现良好，保障措施有待完善。区域协作度评分 11，与周边地区建立了较为统一的跨区域监管机制。目标达标度评分 14，在绿色信贷、绿色证券、绿色保险以及环境风险管理等领域有待提高。

（十三）铜陵市

1. 社会经济和生态环保发展现状（2023 年）

全年全市生产总值 1229.8 亿元，比上年增长 5.6%。其中，第一产业增加值 63.5 亿元，增长 4.3%；第二产业增加值 569.2 亿元，增长 4.7%；第三产业增加值 597.1 亿元，增长 6.5%。工业增加值 483.5 亿元，增长 4.3%。三次产业结构由上年的 5.3∶47.4∶47.3 调整为 5.2∶46.3∶48.5。按常住人口计算，人均地区生产总值 94530 元，增长 5.3%。

全市已建成国家级自然保护区 1 个。当年完成人工造林面积646.7 公顷。年末全市共有县区级生态环境监测机构 2 个。全市 PM$_{2.5}$年均浓度为 32.5 微克每立方米，连续四年达到国家二级标准。全市空气质量平均优良天数比率为 90.1%。全市地表水总体水质状况为良。长江干流铜陵段水质为Ⅱ类，总体水质状况为优；主要支流总体水质状况为良。枫沙湖湖区平均水质为Ⅳ类，水质轻度污染，白荡湖区平均水质为Ⅲ类，总体水质状况为良。全市城市集中式饮用水水源地水量达标率为 100%。

2. 城市绿色金融竞争力评价（2023 年）

绿色金融竞争力评分等级 B。制度政策发展有待提高，市场活力表现一般，保障措施较为匮乏。区域协作度评分 11，与周边地区建立了较为统一的跨区域监管机制。目标达标度评分 10，在绿色证券、绿色保险以及国际合作等领域有待提高。

（十四）池州市

1. 社会经济和生态环保发展现状（2023 年）

全年实现地区生产总值 1112.2 亿元，比上年增长 6.5%。分产业看，第一产业增加值 97.3 亿元，增长 4%；第二产业增加值 488.9 亿元，增长 6.8%；第三产业增加值 526 亿元，增长 6.8%。三次产业结构比例由上年 9.2:45:45.8 调整为 8.7:44:47.3。全部工业增加值增长 7.2%，占 GDP 比重达 37.4%。其中，制造业增加值增长 7.9%，占GDP 比重达 33%。按常住人口计算，人均地区生产总值 83906 元，增长 6.9%。

年末全市实有自然保护区 7 处，面积 72.7 千公顷，占国土面积的 8.7%，其中国家级自然保护区面积 36.7 千公顷，占保护区面积的 50.5%。活立木蓄积量 3389 万立方米，比上年末增加 97 万立方米；森林覆盖率 60.9%，比上年末提高 0.1 个百分点。全年平均降水量 1377.6 毫米，平均气温 17.4℃。全年能源消费总量 649.9 万吨标准煤，比上年增长 6.4%。全社会用电量 113.1 亿千瓦时，增长 8.9%，其中工业用电量 89.2 亿千瓦时，增长 11.4%。年末全市共有环境监测站 4 个。全市 $PM_{2.5}$ 年均浓度为 32 微克每立方米；空气质量优良天数比例 86.3%，扣除沙尘异常超标天后为 88.2%。长江池州段、秋浦河、青通河、尧渡河、黄湓河、九华河、龙泉河、陵阳河等 8 条河流共计 10 个国考河流监测断面水质均达到或优于 Ⅱ 类，水质优。城市污水处理总量达 3834 万立方米，集中处理率 98.1%，生活垃圾无害化处理率 100%，建成区绿化覆盖率 47.6%。

2. 城市绿色金融竞争力评价（2023 年）

绿色金融竞争力评分等级 B+。制度政策发展有待提高，市场活力表现良好，保障措施有待完善。区域协作度评分 11，有跨区域的生态保护规划与数据共享平台。目标达标度评分 15，绿色金融市场整体发展滞后。

（十五）安庆市

1. 社会经济和生态环保发展现状（2023 年）

全年地区生产总值 2878.3 亿元，比上年增长 5.7%。第一产业增加值 256.5 亿元，增长 4.5%；第二产业增加值 1224.2 亿元，增长 6%；第三产业增加值 1397.6 亿元，增长 5.8%。工业增加值 963.6 亿元，增长 5.3%。三次产业结构为 8.9∶42.5∶48.6。按常住人口计算，人均地区生产总值 69583 元，比上年增加 3954 元。

全市当年审批的建设项目环保投资总额 31.5 亿元。年末全市省、市、县环境监测站有 8 个。全年空气质量综合指数全省第 5 位，$PM_{2.5}$ 平均浓度 34 微克每立方米，优良天数比率 85.8%。全市已建成自然保护区 7 个，其中国家级 2 个、省级 4 个、市级 1 个。

2. 城市绿色金融竞争力评价（2023 年）

绿色金融竞争力评分等级 A−。制度政策发展有待提高，市场活力表现良好，保障措施有待补充。区域协作度评分 11，制定并发布了污染物排放标准，但缺少较为统一的跨区域监管机制。目标达标度评分 15，绿色金融体系建设滞后。

（十六）黄山市

1. 社会经济和生态环保发展现状（2023 年）

黄山市 2023 年实现地区生产总值 1046.3 亿元，比上年增长 4.5%。分产业看，第一产业增加值 79.9 亿元，增长 4.2%；第二产业增加值 359.8 亿元，增长 2.4%；第三产业增加值 606.6 亿元，增长 5.7%。三次产业结构由上年的 7.8∶35.4∶56.8 调整为 7.6∶34.4∶58.0，其中制造业增加值占 GDP 比重为 21.4%。预计全年全员劳动生产率 135531 元 / 人，比上年增加 5316 元 / 人。按常住人口计算，人均地区生产总值 79295 元，增长 5.1%。

在生态环保方面，全年空气质量平均优良天数比例为 97.5%，达到国家二级标准。全市可吸入颗粒物（PM_{10}）年均浓度 40 微克每立方米，细颗粒物（$PM_{2.5}$）平均浓度 21 微克每立方米。已建成自然保护区 70 个，其中国家级 2 个，省级 8 个。当年造林面积 60869 公顷，其中，人工造林面积 1601 公顷，封山育林面积 59268 公顷。全市地表水总体水质状况优，其中新安江流域河流总体水质状况优，18 个监测断面水质均达到Ⅰ—Ⅲ类；长江流域河流总体水质优，10 个监测断面水质均达到Ⅰ—Ⅱ类。太平湖水质优，水质类别为Ⅰ类；丰乐湖水质优，水质类别为Ⅱ类；奇墅湖水质良，水质类别为Ⅲ类。

2. 城市绿色金融竞争力评价（2023 年）

绿色金融竞争力评分等级 A-。制度政策发展有待提高，市场活力表现良好，保障措施有待补充。区域协作度评分 11，和周边地区建立了跨区域的监管标准，但缺乏流域环境共建共治机制。目标达标度评分 17，需要加大力度发展绿色金融产品，推动绿色投融资。

第三章

长三角绿色金融竞争力分析：
绿色发展与零碳发展的成效

        绿色金融能够促进绿色高质量发展和低碳转型发展，进而加快实现经济和社会的绿色化和低碳化发展，助力实现"双碳"目标。绿色金融与绿色发展和零碳发展之间存在着耦合协调关系，通过环境改善、技术创新、产业升级和能源优化等途径促进经济社会绿色低碳转型。本章首先构建绿色发展评价指标体系对长三角地区的绿色发展水平进行分析，其次构建零碳发展评估框架对长三角地区的零碳发展水平进行了系统评价，最后通过回归分析验证了绿色金融和绿色发展的相关性非常紧密，长三角地区城市的绿色高质量发展可以反作用于绿色金融发展，能够显著地提升绿色金融竞争力。

第一节　长三角绿色金融推动绿色与零碳发展的理论和机理分析

　　环境库兹涅茨曲线理论、外部性理论和市场失灵理论为发展绿色金融提供了理论支撑。同时，厘清绿色金融与绿色发展、零碳发展之间的影响关系和机理，一方面有利于后续对绿色金融成果与成效的相关性分析，另一方面也可以为提出更有针对性的政策建议提供参考。

一、绿色金融推动绿色与零碳发展的理论分析

（一）环境库兹涅茨曲线（Environmental Kuznets Curve, EKC）理论

　　由于在社会生产力较低的情况下，人们往往更关注于提升个人收入以及生活水平，忽视了对环境的保护，使得环境随着经济发展的进程遭受极大的破坏。因此，在经济发展的早期阶段，环境质量随着经济增长而恶化。然而，随着经济发展和社会生产力的提升，生产技术的进步提高了经济增长的效率，并进一步推动了经济的绿色化和集约化，减少了对环境的破坏程度。此外，随着人们物质生活水平的提升，人们也因增加了对良好生态环境的需求而开始重视环境保护并推动经济结构的转型。因此，当经济发展达到一定水平后，环境质量会随着经济的持续增长而逐步改善。

（二）外部性理论

　　最初马歇尔在 1890 年发表的《经济学原理》中提出"外部经济"概念，而后庇古在《福利经济学》（1920）一书中对外部性问题

作了进一步分析，并对外部性作出了"正外部性"和"负外部性"的区分。外部性理论是指一个经济主体在其经济活动中对相关者的福利产生一种有利影响或不利影响，这种有利影响带来的收益（正外部性）或不利影响带来的成本（负外部性），均不由生产者本人获得或承担，这种影响是一种经济力量对另一种经济力量"非市场性"的附带影响。对于外部性，通常的处理方式是将其"内部化（internalization）"，从而使外部性对于所有参与方都能够产生可量化的影响。从经济学角度看，环境作为一种公共物品，具有显著的外部性特征。

（三）市场失灵理论

由于一般的市场机制存在滞后性等特征，使得其经常存在既无法消除负外部性，也不能增加正外部性的情况，进而导致市场失灵、资源配置失衡的现象出现。以上文所述的环境库兹涅茨曲线为例，当城市的经济出现增长时，其环境保护机制也将逐步得到完善，并促进环境质量的优化。然而，仅凭市场机制的自我调节，环境污染和破坏等问题必然会受限于诸多利益相关方的相互关系和牵制而无法得到有效地解决，经济发展所带来的负外部性持续存在。不仅如此，绿色产业由于目前仍处于产业周期的初创阶段，资本会因为其趋利避害的特质减少对这些风险较大的产业进行投资或提供资金支持，抑制了绿色产业发展的同时，还进一步地增加了对高污染产业的资金投入。因此，受限于市场失灵等问题，绿色金融所带来的正外部性影响仍有所局限。

二、绿色金融推动绿色与零碳发展的机理分析

自 20 世纪 90 年代以来，全球经济发展和环境形势发生了深刻变化，全球气候变暖、区域环境污染严重、战略性资源和能源供需矛盾不断加剧，各国面临着严峻的挑战。为了协调发展与环境的关系，国际上首先提出可持续发展的指导思想。1987 年，联合国把可持续发展定义为"既满足当代人的需要，又不对后代人满足其需要的能力构成危害的发展"。2015 年联合国可持续发展峰会提出 17 项可持续发展目标，并且进一步阐述可持续发展的理念，将可持续发展体系定义为经济增长、社会包容和环境保护的三方协调。与传统发展观相比，可持续发展强调人力资本投资、减贫，主张经济发展应当充分审慎自然资源的承载能力。

2008 年国际金融危机后，可持续发展逐渐成为各国解决资源环境多重挑战、应对气候变化和金融危机的共识方案，不断地被赋予新的内容。经济合作与发展组织（OECD）首先提出了绿色增长的概念，定义其是在确保自然资源能够继续为人类幸福提供各种资源和环境服务的同时，促进经济的增长和发展。世界银行（2012）则定义绿色增长是环境持续友好、社会包容性的经济。

由于发展阶段和区域的差异，国外对于可持续发展内涵的界定主要围绕两条路径展开：以应对气候变化和资源环境保护为逻辑归宿，强调在经济发展过程中应当注重温室气体减排、加强资源环境保护（联合国环境规划署，2012），如美国通过投资清洁能源研发刺激绿色发展，欧盟全力打造"绿色产业"发展绿色经济等；以促进经济增长为逻辑归宿，强调将绿色新兴产业作为新的经济增长点，

清洁化经济增长的动力，如韩国政府提出"绿色增长"经济振兴战略等。

为此，尽管在可持续发展的定义上各有侧重，但各国普遍强调的都是协调经济的发展（绿色发展）与生态环境的保护（零碳发展），即在促进经济社会发展的同时，不以环境污染与资源耗竭为代价。

（一）绿色金融与绿色发展

金融体系在经济发展过程中的作用一直以来都备受关注。以熊彼特（1912）为代表的经济学家认为，较发达的金融体系能够促进经济增长，发育良好的金融体系有助于降低信息成本，进而影响储蓄水平、投资决策、技术创新和长期经济增长。希克斯（1969）在考察英国工业革命进程中发现，工业革命中所使用的技术在工业革命之前就已存在，真正引发工业革命的是金融系统的创新而不是通常所说的技术创新。帕特里克（1966）和戈德史密斯（1969）强调金融部门在经济发展中的促进作用。帕特里克（1966）将金融发展与经济增长之间的因果关系区分为"供给引导"与"需求跟随"两种类型，对金融发展与经济增长之间的关系作出推断：在经济发展初期，金融发展导致实体经济的增长；在经济趋于成熟时，经济发展反过来拉动金融发展。

大多数经济学家从理论与实证研究的角度证实了金融发展是经济增长的必要条件，如格利与肖（1960）、戈德史密斯（1969）、麦金农（1973）等人分别从金融中介、金融结构、金融抑制与金融自由化等角度论述了金融因素在经济增长中的作用。戈德史密斯的研究成果主要体现在他的《金融结构与发展》（1969）一书中。他的研究包括三个方面的内容：第一，论证金融结构如何随着经济增长而变化的。第二，通过对金融工具、金融市场与金融中介机构的数量与质量变化的分析，来考察金融发展对经济增长所造成的影响，进而回答金融发展是否可以促进经济增长的问题。第三，评价金融结构是否会影响经济增长的速度。通过对 35 个国家 1860—1963 年的数据归纳与分析，他发现经济与金融发展之间存在着大致平行的关系。在经济增长速度较快的阶段，一般金融发展的速度也是比较快的。另外一个具有广泛影响力的相关研究成果是麦金农的著作《经济发展中的货币与资本》（1973）。该书研究了阿根廷、巴西、韩国、印度尼西亚等国家二战以后金融体系与经济发展之间的关系。通过对这些国家和地区的大量数据的分析，麦金农认为，具有较好功能的金融体系可以支持经济以更快的速度增长。此后金融对经济增长作用的理论和实证研究大量出现，金融发展与经济增长之间存在正面的和积极作用的观点开始占据主流。

由此可见，金融与经济发展之间存在相关性，金融的发展在一定程度上可以推进经济增长。研究认为，这些理论可以延伸至绿色金融与绿色发展的领域，证明绿色金融体系的建设和完善可以带动绿色发展。

现有文献说明，绿色金融能够优化经济结构和供给侧质量，并最终优化经济的宏观发展；可以鼓励企业进行绿色创新、倡导绿色消费，提高经济的微观效率；能与传统经济政策形成互补，促进经济绿色发展（王遥，2016；陶茜和张晗晗，2016；王璐璐，2018；龚晓莺和陈健，2018）。发展绿色金融是对现有资源和资本的优化配置，绿色金融的发展以保护环境、节约利用资源为出发点，以实现经济、社会和环境的可持续发展为目的，使原本投向高污染、高消耗产业的资金逐渐转移至节能环保、新能源等领域，这势必会对原有产业结构造成影响，如绿色信贷通过调节企业资本的流向对产业结构产生影响，我国绿色信贷对促进产业结构升级有显著效果。而产业结构的调整升级将促进经济发展，其原因在于生产要素的投入由低生产率的产业向高生产率产业的转移会提高社会生产率的整体水平，绿色金融对资源和资本的配置目的之一即提高资源和资本的利用率。同时，环境污染将得到显著改善，绿色金融强调逐步撤出对高污染、高消耗产业的投资，加强对节能环保、清洁能源等领域的投资支持，这些产业属于环境友好型产业，其发展不仅不会对环境造成进一步的污染，还会凭借其技术发展和环境保护设施对已有的环境污染进行有效治理，必然会改善以往工业污染严重的局面，从而实现经济和环境的可持续发展。因此，绿色金融的发展将对地区经济增长产生长远的促进效应。

（二）绿色金融与零碳发展

金融发展能够促进应对气候变化和资源环境保护。目前一些国际组织、政府部门、学术机构和金融企业已经或正在对适应环境保护的金融发展战略做深入研究。这些研究主要考虑以下问题：第一，识别环境风险和机会。金融企业无论从事何种业务，都应将环境风险作为一种新的风险予以足够重视，并且在投资之前就能识别出来。环境问题除了带来风险，也能带来商机，金融企业也必须抓住这一机遇。第二，资产定价和审核。环境风险的引入改变了传统资产定价和审核方式，在进行项目财务评估的时候，需要根据实际情况予以适当调整。金融企业应该重新制定绿色会计制度。第三，环境风险管理。在项目进展的过程中，金融业应当辅以环境风险管理，即使是一些间接金融投资也要辅以强有力的环境监督。第四，金融工具创新。环境问题的引入，为金融工具创新开创了一片新的天地，金融企业可以通过金融工具创新降低风险，甚至获取利润。

关于这一趋势背后的原因可能有：不良的环境表现会引起金融投资客户的盈利能力下降，并最终危及债务安全、增加客户偿还债务的风险，或者增加了保险理赔的可能性；大量与环境有关的事件正在或者可能对金融行业产生巨大影响；金融企业通过自身内部管理，减少能源和物资的消耗，可以节约开支甚至增加利润；一些金融企业已经建立与环境相关的内部风险管理程序，评价与环境问题有关的风险，从而避免了因此造成的损失；金融企业的利益相关者开始对金融企业提出环境方面的要求，并关注金融机构实施投资的环境影响。

在有关绿色金融理论基础的研究和文献中，"外部性"是一个出现频率非常高的概念。乔海曙等（2011）认为，外部性理论为绿色金融提供了方法上的指导，外部性原理使环境成本内部化，可以解决传统经济增长模式带来的负外部性。马骏等（2015）认为，环境问题通常是由负外部性导致，使得资源得不到最优配置。一般均衡理论和福利经济学的分析表明，在完全竞争市场条件下社会运用既定的资源能够实现帕累托最优。但是由于完全竞争市场等一系列理想化的假设条件并不是现实经济运行的真实写照，完全竞争的条件受到破坏，麦均洪（2015）认为"看不见的手"无法完全有效运行，所以现实经济运行中的资源配置通常达不到帕累托最优，存在市场失灵。

因此，绿色金融在内化环境外部性，即调动社会资本从高耗能、高污染的产业项目流入到低耗能、低污染的绿色项目中的作用就尤为重要。环境成本内部化，从理论上讲，环境资源是有价值的，经济的发展对环境造成破坏是需要补偿的，自然资源的价值和需要被补偿的性质来源于它本身的可利用性和回馈性。价值和需要补偿的数额取决于资源的稀缺程度和在开发利用以及废弃的全过程中对环境的损害程度。将环境成本问题和传统意义上的商品加工成本同时考虑，将环境成本结合到商品的市场价值的计算，才能更准确地体现产品的价格。

实现环境成本内部化的途径通常为排污收费制度以及进行排污权交易。作为碳税和环境税等环境污染收费手段的前身，以外部性理论为基础的庇古税推动了"谁污染、谁治理"的政策的发展。而以科斯为首的新制度经济学派进一步建议通过将环境污染所造成的社会成本内部化为企业的生产成本，从而使得企业的最优污染水平与社会发展所需的最优污染水平趋于一致。建立在科斯理论基础上的排污权交易理论由此出现，并发展成为现在的碳排放交易体系。要将环境污染所造成的社会成本内部化为企业的生产成本，只有在产权明晰的情况下才能实现。在碳排放交易的市场上，虽然环境资源不特定地属于某个企业，但污染环境的碳排放权却具有明确的产权。通过交易碳排放权，亦可在一定程度将环境污染的外部性内部化，从而达到节能减排、控制环境污染的目的。

因此，作为"支持环境改善、应对气候变化和资源节约高效利用的经济活动"，绿色金融的发展能够助力零碳发展。

通过梳理可以发现，金融在一定程度上可以推动经济增长与环境保护，同时相关理论也可以延伸至绿色金融与绿色发展、绿色金融与零碳发展的关系上，表明绿色金融发展可以助力绿色发展和零碳发展。

第二节　长三角绿色发展水平分析

本节基于经济发展、自然环境和环境问题治理三个主要的评价维度设计了绿色发展评价指标体系，并对长三角城市的绿色发展水平进行了测度，发现长三角地区的绿色发展水平呈现在空间上不平衡的特点，省际差异以及城市间差异明显，呈现北弱南强，西弱东强的局面。

一、评价指标体系构建

（一）现有研究综述

根据郑红霞等（2013）的梳理，目前国内外绿色发展指标评价体系主要围绕3条路径展开：绿色国民经济核算、绿色发展多指标测度体系和绿色发展综合指数。依托于此框架，本书综合其他学者的研究对国内外绿色发展评价指标体系研究梳理如下：

1. 绿色国民经济核算

传统国民经济核算只能反映经济总量情况，却不能反映经济活动对资源环境所造成的消耗成本和污染代价。因此，国际社会开始探寻绿色国民经济核算体系，以弥补对经济绩效衡量扭曲的缺陷。此类方法的缺陷在于：由于资源环境问题的复杂性，以及当前绿色国民经济核算相关理论方法的不成熟，许多国家都选择从某一领域出发进行局部核算（郑红霞等，2013）。

早期的相关理论成果包括麻省理工学院于1971年提出的"生态需求指标"（ERI）、1972年詹姆斯·托宾和威廉·诺德豪斯共同提出的"净福利经济"（Net Economic Welfare）指标、1973年日本政府提出的"净国民福利"（Net National Welfare）指标、1989 年罗伯特·卢佩托等人提出的"净国内生产"（Net Domestic Product）指标、1989年赫尔曼·戴利和约翰·科布提出的"可持续经济福利指数"（Index of Sustainable Economic Welfare）等（邱琼，2006）。

1993 年，联合国统计署发布了《综合环境与经济核算体系》（System of Integrated Environmental and Economic Accounting, SEEA），其历史性贡献是为自然资源账户、环境污染账户和经过调整的国民经济核算提供了一个共同的框架。该框架建议建立一个资源和环境的卫星账户，同时与国民经济的核心账户相联系，提出绿色国内生产总值（EDP）的计算方法，即 EDP=GDP– 固定资产折旧 –（自然资源损耗和环境退化损失）（黄溶冰和赵谦，2015）。加拿大在 SEEA 框架的基础上构建了符合其国情的资源环境核算体系（CSERA），包括自然资本存量、物质和能源流，以及环保支出账户（Statistics Canada, 2006；转引自郑红霞等，2013）。德国环境经济核算体系（GEEA）采用 SEEA 基本理论和原则，从环境压力、环境状态、环境反应 3 个方面构建框架结构，分别展开实物量流量核算、自然资源存量核算和环境保护价值量核算，其中实物量流量是德国环境经济核算中最完善的部分（吴优，2005）。

2. 绿色发展多指标测度体系

绿色发展多指标测度体系是指通过一系列核心指标从各角度反映绿色发展进步情况，不需要进行指标加权。这类指标体系能够直观地显示绿色发展的促进和制约因素，但无法像类似的综合指数从总体上评估绿色发展（郑红霞等，2013）。其中，较为著名的指标包括欧盟可持续发展评价指标体系、荷兰绿色增长评价指标体系、德国国家福利测度指标体系、美国新经济评价指标体系、经济合作与发展组织绿色增长检测指标体系、联合国环境规划署绿色经济测度指标体系等（郑红霞等，2013；李金昌等，2019）。

就我国而言，改革开放 40 多年来我国评价指标体系的演化可分为三个阶段：对外开放起步阶段（1978—1993 年）、全面发展阶段（1993—2007 年）、创新发展阶段（2007 年至今）。其评价维度与关注点逐渐从单一的经济发展转变为经济与社会共同发展，再转变为人与自然、经济与政治文化社会生态的协调发展。评价指标也逐步由重规模扩张、重物质文明发展、重效率、重资源投入型发展向重质量效益、重物质文明与精神文明共同发展、重效率兼顾公平、重技术创新型发展和绿色发展转变（李金昌等，2019）。

3. 绿色发展综合指数

这类指数通常是在选择核心指标的基础上，根据指标的重要性对不同指标赋予其相应权重进而加权综合而成的。综合指数的目的主要是为了排名，通过排名来反映一个国家或地区某一时期内的绿色发展水平在全球或者全国所处的位置，同时通过纵向比较，也可以反映其历史总体水平的动态变化趋势。其中，典型的指标包括耶鲁大学等提出的环境绩效指数、中科院可持续发展战略研究组提出的资源环境绩效指数、北师大绿色发展指数、上海社科院长江经济带城市绿色发展指数等（郑红霞等，2013）。

此外，祁毓和张靖好（2015）指出，目前有 5 种具有代表性的可持续发展指标：福利指数（WI）、地球生命力指数（LPI）、生态足迹（EF）、环境脆弱性指数（EVI）和环境绩效指数（EPI）。

（1）福利指数（WI）。普莱斯科特-阿伦（Robert Prescott-Allen）在

《国家福利》一书中提出福利指数（WI）的概念，认为可持续性应该由人类和自然两方面组成，人类福利指数（HWI）和生态系统福利指数（EWI），由此可以衡量一国"与可持续发展之间的距离"。这也是福利指数关键所在。福利指数不仅仅是对各国进行简单排位，最重要的是衡量国家在人类发展和生态系统方面离可持续标准还有多远。

福利指数有为人诟病的地方。首先，它过度依赖以国家为基本分析单位，没有考虑选择其他单位，如生态区、淡水区域、文化区等，也没有讨论分析这些区域是否与可持续发展的概念相关。其次，人类福利指数和生态系统福利指数所涵盖的十个维度基本上是根据数据可用性筛选出来的，而且往往具有异质性。另外，普莱斯科特–阿伦选择了互联网的使用情况衡量知识和文化维度的人类福利指数，而这与可持续发展概念关系不大。最后，一些数据缺乏公信力（祁毓和张靖好，2015）。

（2）地球生命力指数（LPI）。地球生命力指数（LPI）由世界野生动物基金会（WWF）在1997年提出，旨在衡量世界生物多样性随时间推移变化的趋势，至今仍维持该目标不变。得益于世界自然保护检测中心的合作，1998年世界野生动物基金会在其《地球生命力报告》中第一次发布了地球生命指数的具体值，并且每两年更新一次指数（祁毓和张靖好，2015）。

（3）生态足迹（EF）。生态足迹（EF）的概念在20世纪90年代由里斯（William Rees）和瓦克纳格尔（Mathis Wackernagel）提出（Hoekstra，2009）。它产生于人们迫切寻找可持续发展指标的背景下，并希望衡量索取自然资源的需求与地球承载力的关系，因此生态足迹最初又被称为"适度承载力"。生态足迹以公顷为计算单位，主要包括6种土地类别：耕地（生产粮食、饲料等农产品）、牧场（放牧）、林地（生产木材）、建筑用地（人类居住）、花园（吸收二氧化碳）和能源用地（提供各类化石能源），其中前三种归类为"生产用地"（祁毓和张靖妤，2015）。

（4）环境脆弱性指数（EVI）。环境脆弱性指数（EVI）是由太平洋岛屿应用地球科学委员会（SOPAC）制定的一个全球性的综合指数，用以量化一个地区的环境脆弱性。环境脆弱性指数如今已在全球范围内广泛应用，并在2004年首次对235个国家和地区的环境脆弱性打分。环境脆弱性指数后续经历了多次修改，致力于为全球和国家决策者提供有用的环境决策信息工具（祁毓和张靖妤，2015）。

（5）环境可持续指数（EPI）。环境可持续指数（EPI）主要围绕两个基本的环境保护目标展开：减少环境对人类健康造成的压力；提升生态系统活力和推动对自然资源的良好管理（Wengling，2020）。因此其指标框架主要包括两个部分，环境健康和生态系统活力，构建了共包括32项能够反映当前社会环境挑战焦点问题的具体环境指标。环境可持续指数在进行指标选取时，主要依据"驱动力（D）—压力（P）—状态（S）—影响（I）—响应（R）"这一因果关系框架，并遵循如下原则：适用于大多数国家或地区，能反映各国或地区环境保护绩效，数据准确并被广泛接受（曹颖等，2010）。

（二）评估指标体系构建

结合文献，绿色发展评价指标体系应该包含三个维度：

经济发展。包含经济增长、第三产业发展和科技创新三大类，主要表征该城市的经济发展绩效，以及产业和科技发展状况。该维度依据的逻辑是，公众、政府对于绿色发展的要求往往基于一定的经济和科技发展水平之上。

自然环境。由自然禀赋和环境质量来组成，主要包含水资源、绿化资源和空气质量为评价方法，表征该城市自然环境相关禀赋。该维度依据的逻辑是，某地区自然环境的现状由先天区位因素和后天对城市环境的改造共同构成。

环境问题治理。由节能减排和污染治理来组成，主要包含工业能源消耗、污染排放和城市大气、水、垃圾处置为评价方法，表征该城市的工业排放和环境措施及相关程度。该维度依据的逻辑是，对于能耗、污染等环境问题的治理可以反映该地区绿色发展水平，间接反映治理前的环境及工业结构状况。

本书以上述三个主要的评价维度为基础，设计出包含 5 项一级指标、11 项二级指标以及 22 项三级指标的绿色发展评价指标体系，如表 3-1 所示。

表 3-1　绿色发展评价指标体系

一级指标	二级指标	三级指标
经济发展	经济增长	人均 GDP（＋）
		地区 GDP 增长率（＋）
	第三产业发展	第三产业劳动生产率（＋）
		第三产业占 GDP 比重（＋）
		金融业占第三产业比重（＋）
	科技创新	科技支出占财政支出比例（＋）
		单位 GDP 发明专利数（＋）
自然禀赋	水资源	人均当地水资源量（＋）
	绿化资源	绿化覆盖率（＋）
		城市建成区绿地率（＋）

（续表）

一级指标	二级指标	三级指标
节能减排	能源消耗	单位 GDP 能耗（−）
		单位 GDP 工业用电（−）
	污染排放	单位 GDP 工业废水排放量（−）
		单位 GDP 工业烟尘排放量（−）
		单位土地面积工业烟尘排放量（−）
		单位土地面积二氧化硫排放量（−）
		固体废物未利用率（−）
环境质量	空气质量	$PM_{2.5}$（−）
		空气质量非优良率（−）
污染治理	大气治理	单位 GDP 二氧化硫排放量（−）
	水治理	城市污水未处理率（−）
	垃圾处置	城市生活垃圾无害化未处理率（−）

指标体系中涉及的各项指标数据主要来源于长三角各地方公开发布的统计年鉴，包括各省、市综合统计年鉴，环境、能源统计年鉴等。政府网站和各类组织网站，包括生态环境部、统计局、发展改革委等。

指标权重依据变异系数法来计算。确定权重后，将单个城市各项指标的原始值乘以权重，并进行加总，得到城市的相应得分。将得分按照 Max-Min 法则进行归一化，并乘以 100，得到统一的百分制分数。在一级指标的单独分析过程中，是将该一级指标下的 n 个二级指标百分制分数除以 n 后加总，得到该一级指标的相应得分。特别地，节能减排、环境质量、污染治理三个一级指标涉及的二级、三级指标均为负面指标，故得到的初始百分制分数会取相反数后加 100，在方向上与正项指标统一。

二、长三角绿色发展水平现状分析

从表 3-2 可以看出，长三角地区城市绿色发展水平呈现在空间上不平衡的特点，省际差异以及城市间差异明显。就绿色发展水平而言，2023 年度长三角地区共 10 个城市获得 A 及以上评级，其中仅丽水市获得 AA 评级。上海市以及浙江省的城市表现较为优异，评级普遍在 BBB 及以上。

通过分析可以发现，绿色发展程度较高的地区往往在污染治理、节能减排以及环境质量上拥有较高的分数。同时得分较高的地区往往集中在经济发展水平较高的地区，这是由于环境管理以及污染防治与经济发展水平息息相关，经济发展较好的地区往往拥有更为清洁的生产技术，同时政府也拥有庞大的资金支持用以支持绿色事业和科技创新。

表 3-2　长三角绿色发展评级（仅展示 BBB 评级以上的城市，同级不分先后）

城　市	评级	城　市	评级	城　市	评级
丽水市	AA	衢州市	A	扬州市	BBB
黄山市	A	上海市	BBB	苏州市	BBB
宁波市	A	湖州市	BBB	泰州市	BBB
杭州市	A	金华市	BBB	南通市	BBB
温州市	A	无锡市	BBB	淮安市	BBB
舟山市	A	南京市	BBB	盐城市	BBB
台州市	A	安庆市	BBB		
绍兴市	A	镇江市	BBB		

（注：长三角绿色发展评级共包含 7 个等级，由低到高分别为 CCC、B、BB、BBB、A、AA、AAA）

　　上海及周边城市、省会城市和省内经济强市，包括上海、苏州、南京、杭州、宁波等，拥有广义长三角地区的最高经济发展水平，其得分状况也普遍位居前列。由此可知，这些城市的政府有更多的财力来扶持绿色产业经济的发展。

　　自然禀赋对于城市绿色发展水平的作用不容忽视。资源型城市依靠矿产资源禀赋大力发展相关产业，虽经济发展程度不低，但存在产业结构单一、污染物排放、生态破坏等问题，对地区绿色发展产生严重阻力，在绿色发展上表现较差。同时也导致这些城市在环境质量的表现不尽如人意。从自然禀赋得分排名上看，靠海、近海的城市拥有更好的表现。这源于海运交通和海洋经济区位优势，有利于经济发展和绿色产业结构的建构；海陆风的大气循环有助于大气污染物扩散，空气质量明显较好。代表城市有宁波、台州、温州、舟山等。此外，城市区域有高山、丘陵等地貌，自然保护工作较好的地区，环境质量也更优越，如黄山、丽水、金华、池州等。

　　环境质量方面，安徽、苏北等资源工业地区环境质量在长三角地区排名靠后，但在污染治理方面，安徽的亳州、蚌埠、六安等地则在长三角地区中名列前茅。这说明相关地区在污染治理方面还需继续加强对环境质量的严格把控。节能减排方面，马鞍山、淮北、无锡等以工业为支柱型产业的城市评分较低，表明这些城市还需继续加大绿色产业的扶持力度，降低工业污染与排放。

　　各个城市因其地理条件、支柱产业等区位因素的不同，在不同的维度上存在短板。本书将"短板"定义为排名后10位的一级指标。表3-3中列出了在绿色综合得分中排名靠后的15个城市中一级指标短板分布，表3-4汇总了此15个城市的短板数。

表3-3　排名后15位城市短板指标

城　市	省　份	经济发展	环境质量	自然禀赋	节能减排	污染治理
蚌埠市	安徽省	√	√			
亳州市	安徽省	√	√		√	
池州市	安徽省				√	√
滁州市	安徽省		√		√	
阜阳市	安徽省	√	√			√
合肥市	安徽省				√	
淮北市	安徽省	√				√
淮南市	安徽省	√	√		√	√
连云港市	江苏省		√	√		√
马鞍山市	安徽省					√
宿迁市	江苏省		√	√	√	
宿州市	安徽省	√				
铜陵市	安徽省				√	
芜湖市	安徽省				√	
徐州市	江苏省		√			√

（注：城市排序按照首字母顺序）

表3-4　排名后15位城市按省份统计短板指标数

省　份	城市数	经济发展	环境质量	自然禀赋	节能减排	污染治理
安徽省	12	6	7	0	8	5
江苏省	3	0	3	2	1	2
汇　总		6	10	2	9	7

　　在本书的指标体系下，五项一级指标对排名靠后城市的绿色发展水平均有制约作用。值得一提的是，后15名城市中绿色发展主要受到了环境质量和节能减排的制约。将维度差异细化到省份和直辖市层面上更有助于分析长三角不同地区的具体情况，如表3-4所示。对于

江苏省，人均水资源稀缺，同时苏北城市的产业结构特点决定了省内的空气污染问题比较严峻。安徽省呈现出典型的粗放发展特点，个别城市的经济发展和污染排放问题实际上相辅相成。

对于绿色发展水平较高的城市，也可以分析其优势所在，从而为其他城市的发展提供借鉴。本书将"优势"定义为排名前10位的一级指标。表3-5中列出了在绿色综合得分中排名靠前的15个城市中一级指标优势指标分布，表3-6汇总了此15个城市的优势指标数。

表3-5   排名前15位城市优势指标

城　市	省　份	经济发展	环境质量	自然禀赋	节能减排	污染治理
安庆市	安徽省			√		√
杭州市	浙江省	√	√	√	√	√
湖州市	浙江省		√	√		
黄山市	安徽省		√	√		
金华市	浙江省		√		√	
丽水市	浙江省		√	√		√
南京市	江苏省	√				√
宁波市	浙江省	√			√	√
衢州市	浙江省		√	√		
上海市	上海市	√				√
绍兴市	浙江省		√			√
台州市	浙江省		√	√	√	
温州市	浙江省		√	√	√	√
无锡市	江苏省	√				√
舟山市	浙江省	√	√			

（注：城市排序按照首字母顺序）

表 3-6　排名前 15 位城市按省份统计优势指标数

省　份	城市数	经济发展	环境质量	自然禀赋	节能减排	污染治理
上海市	1	1	0	0	0	1
浙江省	10	3	10	6	5	5
安徽省	2	0	1	2	0	1
江苏省	2	2	0	0	0	2
汇　总		6	11	8	5	9

在本书的指标体系下，五项一级指标对排名靠前城市的绿色发展水平均有推动作用。表 3-6 将维度差异细化到省份和直辖市层面。浙江省在绿色发展方面表现突出，主要表现在自然禀赋和环境质量上。这是由于浙江省多丘陵地形，相关地区森林覆盖率高，且近年来政府普遍重视绿色发展，节能减排和污染治理工作出色。不过，虽然浙江省经济发展水平较高，但省内区位条件差异较大，造成经济发展较为不平衡，浙北地区、平原地区和近海地区拥有更好的经济发展表现。上海市在经济发展和产业结构方面拥有长三角其他城市不可比拟的优势，但由于常住人口多于 2500 万，且市域范围较小，包含的自然生态区少，因而造成了人均资源的稀少。安徽省皖南地区拥有黄山、九华山等著名自然旅游景点，黄山、池州等城市依靠自然禀赋发展生态旅游业，成为长三角地区绿色发展的模范城市。同时，安庆等工业城市逐渐开始注重环境治理。虽然整体上安徽省的绿色发展水平在长三角地区处于末位，但随着绿色发展理念逐渐深入人心，产业结构调整和相关环境治理的规划令该省的绿色发展道路清晰可见。江苏省优势在于苏南地区占据长三角城市群中多数城市，经济高度发达，产业结构也较为合理。但地区城市病不能忽视，空气质量需要得到持续改善。

三、制度因素对于长三角绿色发展影响的文献分析

　　制度在绿色发展的过程中有着深远的作用，本章节中尚且缺少相应描绘制度重要性的数据指标，然而每一个变量却又都与地区制度息息相关。这主要体现在制度可协调各类主体的行为，而各类主体的行为也依赖于制度的保证和激励。在此基础上，如果制度可为地区的绿色发展提供保障，那么就可有效降低地区能源消耗和环境污染。另一方面，制度有利于提高一个地区的经济增长速度，作为一个根源性因素促进生产结构优化与要素升级。

　　从政府与市场关系的角度，可以将与绿色发展有关制度（或狭义的促进绿色发展的制度）分为市场制度和政府制度两大部分。

表3-7　绿色发展有关的市场与政府制度汇总

市场制度		政府制度	
资源与环境产权制度	用能权、用水权、碳排放权初始分配制度、自然资源资产产权制度、环境产权制度、矿产资源国家权益金制度等	激励制度	生态补偿制度、财税金融激励制度、考核评价奖励制度、绿色认证和政府绿色采购制度等
交易制度	碳排放权交易制度、排污权有偿使用和交易制度、水权交易制度、环境污染第三方治理制度等	约束制度	自然资源用途管制制度、最严格的环境保护制度、最严格的水资源管理制度、最严格的源头保护制度、生态修复制度、生态红线制度、重点生态功能区实行产业准入负面清单制度、污染排放总量控制制度等

（续表）

	市场制度		政府制度
价格形成制度	资源产品、环境产品的价格应由市场供求关系决定，政府定价应充分发挥社会公众的参与作用	政府监管制度	自然资源管理体制、省以下环保机构监测监察执法垂直管理体制、国家公园体制、资源环境承载能力监测预警机制、污染物排放许可制度、企业环境信用记录和违法排污黑名单制度、突发生态环境事件信息报告和公开机制等
		问责制度	党政同责制度、环境损害责任终身追究制度、领导干部自然资源资产和环境保护责任离任审计制度、生态环境损害评估和赔偿制度、环境公益诉讼制度、环境污染监管执法制度等

市场机制和政府在生态环境资源配置中共同起着重要的作用。仅由市场这一"看不见的手"无法达成有效配置。究其根源，在现实经济活动中，微观经济学分析下的帕累托最优状态所依赖的一系列假设条件无法满足，具体表现为生态环境资源产权不明晰、生态环境资源市场不完善以及生态环境资源的公共物品属性（吴玉萍和董锁成，2016），这三个方面共同促成了生态环境资源的外部性问题。

而制度本身可看作决定人们经济行为的一系列激励结构，只有有效的制度才能把要素潜在的生产力转变为现实生产力。依据环境库兹涅茨曲线的规律，一旦生态环境资源配置制度失效，就无法把一地的生态环境资源优势转变为经济发展的优势，反而低效率的资源配置会导致资源愈加稀缺。

就我国总体而言，我国在"十二五"规划中提出将"绿色发展"作为整个时期的发展重点，但是在实际落实时，由于不同地区发展水平的制约，绿色发展的程度各不相同，更谈不上建立一套完善的制度体系。一些地区仍以牺牲生态环境为代价发展经济，建立的绿色经济规则和指标往往不具体，指导原则过多，实施细则过少，操作时随意性较大，起不到示范和先导作用。同时，绿色制度设计的强制性、限制性色彩较浓，无法达到激励导向作用（田文富，2017），同时我国的绿色制度主要集中在企业生产经营环节，但是在流通领域、消费领域的污染浪费同样存在。

就长江经济带一体化而言，绿色发展还需考虑不同区域的协同发展，而不同区域之间的联动协同同样需要制度建设作为保障。长江经济带涉及沿江几百个大中小城市，20 世纪 90 年代开始，流域内各省市都逐步提出了各自的沿江发展战略，虽然在一些区域范围内建立了经济合作区和城市圈，但是一些省市对更大范围一体化发展的积极性不高，在一定程度上造成了产业的同质化和发展的碎片化。要充分发挥长江上、中、下游地区各自自然地理、资源环境等优势，形成互为补充的产业链，各地要对产业发展形成共识，避免重复建设或恶性竞争，共同抵制高风险、高污染产业，避免个别地区为了眼前利益而侵害长江经济带的整体利益。目前长三角地区已建立地方政府联合管理机制如"湖长制"与"河长制"，避免违法主体利用地域管辖权的变化而逃避法律责任，同时各类法规如《长三角城市环境保护合作（合肥）宣言》《长三角近岸海域海洋生态环境保护与建设行动计划》《长三角地区危险废物环境监管联动工作方案》《长三角地区循环经济资源综合利用协同发展合作协议》《关于建立长三角地区生态环境保护司法协作机制的意见》等制度建设正同步进行，以促进各地区"绿色获得感"的均等化。

同时，部分绿色城市的先进治理计划和制度创设也可通过区域间沟通交流传播至周围省市，例如上海市在苏州河治理、绿色环保建筑设计、企业节能减排创新管理等方面取得了一系列成就；湖州市也在政策引领、银行机构绿色化改造以及绿色金融与绿色产业协同化发展方面构造出一套具有前瞻性的绿色发展模式。而这些城市的发展经验在经历具体实践的检验之后可推广至长三角地区，为具有类似产业布局、发展规划的省市提供宝贵的发展建议。

第三节　长三角零碳发展水平分析

实现"双碳"目标是一场广泛而深刻的经济社会系统性变革，作为中国经济金融发展的中心区域，长三角地区应走在碳达峰、碳中和的前列。本节通过构建城市零碳发展评估指标体系，对长三角41个城市的零碳发展水平进行了系统评价并发现，长三角41个城市间以及省际之间在零碳发展水平上的差异较为显著。

一、评价指标体系构建

（一）现有研究综述

20 世纪 80 年代以来，随着全球环境问题的提出，学界也开始关注国家和城市碳排放的影响因素。日本学者 Kaya Y. 于 1989 年提出对国家层面碳排放总量驱动因素分解的 Kaya 恒等式，他将碳排放总量分为 4 个驱动因素：能源碳强度、单位 GDP 能源强度、人均 GDP 以及人口规模。我国学者林伯强等（2010）在 Kaya 恒等式的基础上，提出将总人口因子替换为城市化率，探究影响我国碳排放总量的影响因素排序。胡初枝等（2008）利用主要指标法，即选取对城市碳排放表征意义强、便于统计的一些指标，计算 1980—2005 年的碳排放总量及各行业的碳排放量。付允等（2010）利用复合指标法，即选取与城市低碳发展相关的多重指标，从经济、社会和环境三方面构建了一套能够描述城市低碳状态的指标体系。连玉明等（2012）以城市价值最大化为核心、以 Delphi 法为各级指标权重的计算基础提出了低碳城市的评价指标体系。

近年来，许多研究碳排放、碳达峰的文献使用迪氏指数分解法、IPAT 和 STIRPAT 模型等方法判断并筛选影响碳排放的因素，这些文献研究显示一个城市的碳排放水平与城市的富裕程度、人口总量、技术水平、城镇化水平、产业结构、能源消费等因素有关。刘骏等（2015）运用 DPSIR 模型，从驱动力、压力、状态、影响以及响应 5 个方面构建欠发达地区低碳城市发展评估体系。杨放（2016）应用平衡计分卡的基本思想，从顾客、财务等层面出发，结合低碳政府建设的战略目标，设计出低碳政府的评价指标体系。李超骁和田莉

（2018）利用"压力—状态—响应"（PSR）模型，利用低碳经济、城市可持续发展等指标体系中符合低碳城市内涵的指标，对城市能源、城市产业、城市交通等 8 个维度进行综合比选。

针对长三角城市群，曹丽斌等（2020）以人口、GDP 和城市化率作为影响因素，预测了长三角城市群 2025 年的二氧化碳排放达峰情况。田泽等（2021）的研究表明长江经济带碳排放的首要影响因素是经济规模，能源消耗强度和产出碳强度则是抑制碳排放增加的首要因素，因此技术进步是促进碳减排的关键。

但是，近十年来也有文献指出，当经济发展到一定程度，经济和环境产生"脱钩"现象。"脱钩"这一物理学概念由经济合作与发展组织（OECD）引入农业政策研究，而后，资源环境学者又将其应用于经济与环境研究。Jorgenson 和 Clark（2012）指出环境危害与经济发展之间的强关系不是一成不变的，而是随不同经济发展阶段有不同的表现。之后，国内外学者开始对于经济与环境的"脱钩"进行实证研究。"脱钩"大致有几种状态：最佳的是"强脱钩"，即经济增长，环境压力减少；"弱脱钩"则是指能耗或污染物排放增长慢于经济增长；"连结"则是指环境压力与经济同向变化，且速度相当；最糟糕的状态是"负脱钩"，即经济增长，环境加速恶化，或者经济衰退，污染更严重。

中国学者对长三角城市群碳排放的经济"脱钩"现象进行了研究，屠红洲（2018）分析了长三角地区碳排放与经济增长的关系，并发现长三角 25 个城市于"十二五"期间总体处于"强脱钩""弱脱钩"状态，上海、无锡、徐州、苏州、扬州、宁波、金华、台州、丽水等城市都处于强脱钩状态，即人均 GDP 上升，碳排放下降。此外，庄贵阳等（2011）提出城市低碳经济转型的核心在于四个方面：资源禀赋、技术进步、消费模式和发展阶段，并提出应当从低碳产出、低碳消费、低碳资源和低碳政策四个方面评估一个城市经济是否为低碳经济。

（二）评估指标体系构建

基于参考文献并考虑到数据的可得性，本书提出对于长三角城市碳达峰碳中和能力的综合评价体系城市零碳发展指标体系。

首先，一个城市的经济与人口情况是影响一个城市碳排放的基本因素。人口规模是碳排放增加的主要因素之一，因此本书选取"（年末）常住人口"作为衡量人口规模的指标，人口规模越大，碳排放量越多，故为负向零碳指标；经济规模也是影响碳排放的重要指标，本书以"人均 GDP"作为衡量经济规模的指标，并参考陶成成（2016）将"脱钩"情况分为两组：强脱钩组和其他组，其中强脱钩组的人均 GDP 是零碳正向指标，而对于其他组中的城市则是负向指标；研究以工业 GDP 占 GDP 比重作为产业结构的衡量指标，一个城市的产业结构中工业占比越大、城市化水平越高，碳排放越多，于是"工业GDP 占比"和"城镇化率"是零碳城市的负向指标。

其次，城市零碳发展水平要考虑科技研发所产生的影响，技术进步是碳减排的关键因素。"R&D 内部支出相当于 GDP 比例"和"科技支出占财政支出比例"分别从市场和政府两个角度衡量一个城市的科技研发强度。此外，产出能源强度，即"单位 GDP 能耗"，可以衡量一个城市的现阶段技术水平。以上科技研发强度指标为正向指标，产出能源强度为负向指标。

再次，一个城市现阶段的碳排放水平对于达到碳中和所需要的时间也会产生重要的影响。"单位 GDP 排放"和"人均 GDP 排放"分别从产出和消费角度衡量了城市的碳排放水平。这两个指标均为负向指标。

然后，评估一个城市的碳达峰碳中和能力还需要考察其低碳禀赋。研究从三个角度考察一个城市的低碳禀赋：绿化资源、交通设施和绿色金融。绿化资源是一个城市碳减排的自然禀赋，研究选取"人均公园绿地面积"和城市"森林覆盖率"衡量自然低碳禀赋；交通基础设施影响城市居民的交通出行，交通车辆所产生的碳排放是城市碳排放的重要来源，研究选取"每万人拥有公共汽车（标台）数"作为交通设施禀赋的衡量；绿色金融是金融禀赋，一个有活力的绿色金融市场可以促进城市经济的绿色转型，于是研究也将"绿色金融市场活力指数"纳入零碳指标体系。以上低碳禀赋指标均为正向指标。

最后，城市的社会环境治理努力也对碳减排有不小的作用。研究将环境治理分为非碳相关、碳相关环境治理和综合环境治理进行考察。具体地，使用"城市垃圾处理率"和"城市污水处理率"作为非碳相关环境治理的代理指标；使用当地政府是否有"碳达峰／中和承诺""有无低碳减排政策"和"是否为低碳试点城市"作为碳相关环境治理的代理指标；"节能环保支出占财政支出比例"则体现了当地政府对于环境治理的整体努力。以上社会环境治理指标均为正向指标。

综上，一共选取 5 个一级指标、14 个二级指标和 19 个三级指标。指标列表和来源见下方表 3-8。

表 3-8 城市零碳发展指标体系

一级指标	二级指标	三级指标	正向 / 负向指标	来源
经济与人口	经济规模	人均 GDP(X_1)	强脱钩＋其他为—	各城市统计年鉴
	人口规模	常住人口 (X_2)	—	各城市统计年鉴
	产业结构	工业 GDP 占比 (X_3)	—	由年鉴数据计算
	现代化水平	城镇化率 (X_4)	—	由人口数据计算
科技研发	科技研发强度	R&D 内部支出相当于 GDP 比例 (X_5)	＋	中国城市统计年鉴
		科技支出占财政支出比例 (X_6)	＋	各城市统计年鉴
	科技发展水平	单位 GDP 能耗 (X_7)	—	由文献数据计算
碳排放	碳产出	单位 GDP 碳排放 (X_8)	—	由文献数据计算
	碳消费	人均碳排放 (X_9)	—	由文献数据计算
低碳禀赋	绿化资源	人均公园绿地面积 (X_{10})	＋	各城市统计年鉴
		城市森林覆盖率 (X_{11})	＋	城市年鉴 / 公报
	交通设施	每万人拥有公共汽车（标台）数 (X_{12})	＋	由年鉴数据计算
	绿色金融	市场活力指数 (X_{13})	＋	绿金比较体系第二部分 57 项评分
环境治理	非碳相关	城市垃圾处理率 (X_{14})	＋	城市年鉴 / 公报
		城市污水处理率 (X_{15})	＋	城市年鉴 / 公报
	碳相关	碳达峰 / 中和承诺 (X_{16})	＋	政府公开信息
		有无低碳减排政策 (X_{17})	＋	政府公开信息
		是否低碳试点城市 (X_{18})	＋	中央政府文件
	综合	节能环保支出占财政支出比例 (X_{19})	＋	各城市统计年鉴

表3-9　指标间相关系数矩阵

Variables	(1)	(2)	(3)	(4)	(5)	(6)	(7)	(8)	(9)	(10)	(11)	(12)	(13)	(14)	(15)	(16)	(17)	(18)	(19)
(1) X_1	1.000																		
(2) X_2	0.457	1.000																	
(3) X_3	0.174	−0.188	1.000																
(4) X_4	0.568	0.253	0.270	1.000															
(5) X_5	0.310	0.429	−0.051	0.172	1.000														
(6) X_6	0.518	0.253	−0.006	0.168	0.513	1.000													
(7) X_7	−0.333	−0.358	0.043	−0.152	0.006	−0.073	1.000												
(8) X_8	−0.308	−0.345	−0.017	−0.030	−0.124	−0.109	0.710	1.000											
(9) X_9	0.174	−0.228	0.126	0.203	0.042	0.147	0.575	0.748	1.000										
(10) X_{10}	0.337	−0.247	−0.005	0.190	0.082	0.347	−0.083	0.069	0.292	1.000									
(11) X_{11}	−0.158	−0.227	0.115	−0.003	0.171	0.143	0.249	−0.059	−0.163	−0.098	1.000								
(12) X_{12}	0.728	0.340	0.002	0.410	0.146	0.291	−0.407	−0.232	0.149	0.539	0.363	1.000							
(13) X_{13}	0.377	0.111	0.002	0.345	0.307	0.359	0.100	−0.184	0.046	0.087	0.424	0.023	1.000						
(14) X_{14}	−0.182	−0.055	0.094	0.176	0.282	−0.024	0.156	0.041	−0.128	0.123	0.208	−0.158	0.180	1.000					
(15) X_{15}	−0.060	−0.046	−0.107	−0.124	0.024	0.100	0.045	−0.046	−0.076	−0.215	0.153	−0.387	0.256	−0.044	1.000				
(16) X_{16}	0.608	0.584	−0.043	0.285	0.186	0.307	−0.321	−0.300	−0.111	−0.028	−0.049	0.357	0.341	−0.042	−0.062	1.000			
(17) X_{17}	0.035	0.113	−0.000	−0.080	0.163	−0.005	−0.023	−0.008	−0.038	−0.094	−0.051	−0.057	−0.106	−0.103	−0.004	−0.005	1.000		
(18) X_{18}	0.386	0.240	0.240	0.149	0.337	0.192	−0.012	−0.133	0.012	0.061	0.226	0.206	0.350	−0.104	−0.064	0.413	0.291	1.000	
(19) X_{19}	−0.032	−0.278	−0.145	−0.017	−0.093	0.209	0.166	0.270	0.240	0.296	−0.075	0.037	0.105	0.079	0.125	−0.255	−0.114	−0.177	1.000

上述指标数据均来自各城市统计年鉴和统计公报，或由公开年鉴数据计算得到。此外，非数值性指标（环境治理中的碳相关治理）使用 0—1 赋分处理，有"碳中和／达峰承诺"则此项观测值取 1，没有取 0，另两项同理。

在选出了以上 19 个指标后，研究对于这些变量进行相关性检验，变量的相关性矩阵见表 3-9。

可见大部分指标变量之间的相关性较小。19 个指标中，单位 GDP 能耗、单位 GDP 碳排放和人均碳排放观测值相关性较为明显。但是，这三个指标的经济含义各不相同，考察的角度也不相同：单位 GDP 能耗反映产出总体上的能源利用效率；单位 GDP 碳排放考察了一个城市产出的碳排放效率；人均碳排放则关注一个城市人均的碳消费水平。于是，尽管这三个指标之间在数值上呈现出比较强的相关性，研究依然将它们全部纳入指标体系以保证评价维度的综合性和完整性。

以上相关性检验说明各个指标间的独立性较强，可以使用变异系数法进行指标权重的确定。

城市零碳发展评分计算方式如下：

$$\text{Score}_k = \sum_{i=1}^{19} w_i [20 + 80(x_{ik} - \text{Min}\{x_{ik}\})/\text{Max}\{x_{ik}\} - \text{Min}\{x_{ik}\})]$$
$$\in [20, 100]$$

其中，k 代表第 k 个城市，x_{ik} 即第 k 个城市第 i 个指标的观测值，$\text{Min}\{x_{ik}\}$ 和 $\text{Max}\{x_{ik}\}$ 分别表示 k 个城市的第 i 个指标中的最小值和最大值。城市 k 的综合评分 Score_k 是将每一个指标映射到 20 至 100 之间（含 20 和 100）后，按照变异系数法确定的权重的加权总和。

二、长三角零碳发展水平现状分析

（一）长三角零碳发展现状分析

长三角 41 个城市的零碳发展水平得分如图 3-1 所示。

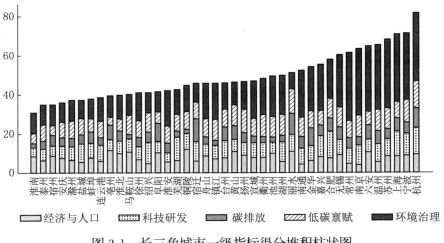

图 3-1　长三角城市一级指标得分堆积柱状图

根据各城市的零碳发展评分进行排序，得到表 3-10 结果。按照排名前 15% 给予 A 档评级，其中 70 分以上的城市获得 A+ 评级，依次为杭州市、宁波市和上海市；排名 15%—70% 给予 B 档评级，其中 50 分以上给予 B+ 评级，45 分以下给予 B– 评级；排名 70% 以后给予 C 档评级，其中 37.5 分以上给予 C+ 评价。

表 3-10　长三角城市零碳发展评估结果

城　市	省份 / 直辖市	评　级	组　别
杭　州	浙江省	A+	强脱钩
宁　波	浙江省	A+	强脱钩
上　海	上海市	A+	强脱钩

（续表）

城　市	省份/直辖市	评　级	组　别
苏　州	江苏省	A	强脱钩
温　州	浙江省	A	其他
六　安	安徽省	A	其他
南　京	江苏省	B+	其他
常　州	江苏省	B+	其他
无　锡	江苏省	B+	强脱钩
合　肥	安徽省	B+	其他
嘉　兴	浙江省	B+	强脱钩
金　华	浙江省	B+	强脱钩
南　通	江苏省	B+	其他
丽　水	浙江省	B+	强脱钩
湖　州	浙江省	B	其他
池　州	安徽省	B	其他
衢　州	浙江省	B	其他
宣　城	安徽省	B	其他
扬　州	江苏省	B	强脱钩
黄　山	安徽省	B	其他
台　州	浙江省	B	强脱钩
镇　江	江苏省	B	其他
舟　山	浙江省	B	其他
宿　迁	江苏省	B	其他
铜　陵	安徽省	B−	强脱钩
芜　湖	安徽省	B−	其他
淮　安	江苏省	B−	其他
阜　阳	安徽省	B−	其他
绍　兴	浙江省	C+	其他
徐　州	江苏省	C+	强脱钩
马鞍山	安徽省	C+	强脱钩

（续表）

城　市	省份/直辖市	评　级	组　别
淮　北	安徽省	C+	强脱钩
亳　州	安徽省	C+	其他
连云港	江苏省	C+	其他
蚌　埠	安徽省	C+	其他
盐　城	江苏省	C	其他
滁　州	安徽省	C	其他
安　庆	安徽省	C	其他
宿　州	安徽省	C	其他
泰　州	江苏省	C	其他
淮　南	安徽省	C	其他

（二）长三角零碳发展差异分析

6个A档城市中4个属于强脱钩组、2个属于其他组，22个B档城市中7个属于强脱钩组、15个属于其他组，13个C档城市则有3个属于强脱钩组、10个属于其他组。A、B、C三档城市群均是来自强脱钩组合与其他组城市的混合。

计算长三角41个城市在各一级指标的得分（一级指标下各三级指标得分总和），并按照强脱钩组和其他组分别进行百分位计算，再将A、B、C三档的城市在5个一级指标的百分位分别做算数平均，得到各档城市在"经济与人口""科技研发""碳排放""低碳禀赋"和"环境治理"5个一级指标的平均百分位，如图3-2所示。

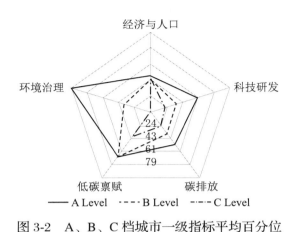

图 3-2　A、B、C 档城市一级指标平均百分位

对于 A 档和 B 档城市：A 档城市普遍在"环境治理"一级指标居高位，平均百分位高达 96.7%，而 B 档城市环境治理的平均百分位则只有 37.4%。"科技研发"指标上，A 档城市平均百分位为 60.5%，B 档城市是 35.9%，差距比较显著。在"碳排放"指标上，A 档城市的平均百分位为 50.7%，B 档城市则是 35.9%，存在一定差距。在"低碳禀赋"和"经济与人口"上，A、B 档城市平均百分位差距小于 5%。

对于 B 档和 C 档城市：主要差距在于"环境治理"和"低碳禀赋"指标，C 档城市"环境治理"平均百分位处于 41 个城市的后 5%左右，"低碳禀赋"也大概处于后 40%。

由此可见，在城市零碳发展指标的分析框架下：

C 档城市零碳发展水平的落后很大程度上是由于"环境治理"上的"后知后觉"和"低碳禀赋"上的"先天不足"，可以先从城市建设和环境政策角度着手，加大环境治理力度，增加城市绿化、森林覆盖率，完善城市公共交通设施，鼓励绿色金融市场发展。B 档城市则应该继续巩固环境治理力度，同时重点关注低碳技术和碳治理，朝低碳绿色经济发展转型。

（三）长三角零碳发展横向比较分析

上海市评级为 A+。浙江省 11 个城市简单平均分为 55.51，标准差与均分的比值为 0.223；评级分布为 2 个 A+，1 个 A，3 个 B+，4 个 B 和 1 个 C+，其中杭州市评级最高，绍兴市最低。江苏省 13 个城市简单平均分为 49.13，标准差与均分的比值为 0.224；评级分布为 1 个 A，4 个 B+，3 个 B，1 个 B-，2 个 C+ 和 2 个 C，苏州市评级最高，泰州市最低。安徽省 16 个城市的简单平均分为 42.34，标准差与均分的比值为 0.199；评级分布为 1 个 A，1 个 B+，3 个 B，3 个 B-，4 个 C+ 和 4 个 C，六安市评级最高，淮南市最低。

浙江省省内各城市水平较为平均且水平较高，3 个评级为 A+ 的城市中前两个（杭州和宁波）都在浙江省，省内 11 个城市的简单算数平均分为 B+ 评级；江苏省省内各城市平均水平为 B 评级，差异比浙江省稍大；安徽省省内各城市差异小但平均水平较低，安徽省 16 个城市在长三角 41 个城市的评分中整体处于中后段。

表 3-11　各省 / 直辖市城市零碳发展评分概况

省份 / 直辖市	各城市平均分	标准差 ÷ 平均分	按照人口加权平均
上海市	70.96	N/A	70.96
浙江省	55.51	0.223	60.75
江苏省	49.13	0.224	50.90
安徽省	42.34	0.199	43.27

由于一个省中各个城市的人口分布不同，继而各地级市的"零碳发展"水平对于全省"零碳发展"水平的重要性不同，仅仅使用各地级市的简单平均分并不能很好地体现一个省的"零碳发展"水平。接下来，研究按照人口加权计算了长三角三省一市的"零碳发展"评

分：上海市评分为 70.96 分；浙江省为 60.75 分，显著高于简单平均分；江苏省为 50.90 分，略高于简单平均分；安徽省为 43.27 分，略低于简单平均分。

经过人口加权后，三省一市均分排名并没有发生改变，但是浙江和江苏分数提升，而安徽下降。这说明，浙江省和江苏省人口集中于"零碳发展"水平较高的城市，而安徽省则相反，人口集中于"零碳发展"水平较低的城市。

（四）长三角零碳发展典型城市分析

在这个部分，研究选取上海市、杭州市、南京市和合肥市作为代表性城市进行比较分析。四个城市"零碳发展"水平最高的是浙江省杭州市，上海市第二，然后是江苏省南京市，最后是安徽省合肥市。图 3-3 和 3-4 是更加详细的各一级指标得分和百分位情况：需要注意的是，杭州、上海为强脱钩组城市，在图 3-4 中用实线表示其在强脱钩组中的各指标百分位；南京、合肥为其他组城市，在图 3-4 中用虚线表示其在其他组中的各指标百分位。

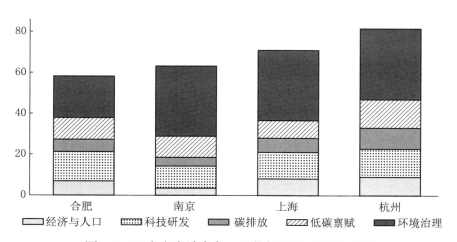

图 3-3　四个省会城市各一级指标得分堆积柱状图

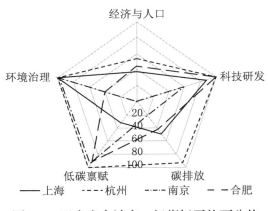

图 3-4　四个省会城市一级指标平均百分位

　　浙江省杭州市在各个指标都获得了较高的得分，尤其"低碳禀赋"和"碳排放"两个指标在四个省会城市中极具竞争力。更详细地，杭州市拥有良好的绿化资源禀赋和绿色金融禀赋，森林覆盖率和绿色金融市场活力都显著高于排行第二且同为强脱钩组的上海市。杭州市"零碳发展"水平位居四个省会城市首位，但总体看来，杭州市在"经济与人口"方面还有较大的提升空间，产业结构有待进一步改善提升。

　　排名第二的上海市虽然"低碳禀赋"中的绿化资源禀赋较差，城市人均公园绿地、森林覆盖率显著低于另外三个城市，且绿色金融市场活力优势不够突出。但是，"科技研发"中的科技研发强度较强势，社会 R&D 内部支出相当于 GDP 比例在所有 41 个城市中位列第一。巨大的科技投入在很大程度上弥补了自然资源的劣势。此外，与杭州市相比，上海市"碳排放"指标仍有较大提升空间，这可以部分归因于上海市长期以来高能源投入、高经济产出的能源利用模式以及大量人口带来的巨大碳排放。

　　属于其他组的江苏省南京市尚在环境库兹涅茨曲线的左侧，于是较高的人均 GDP 使得南京市"零碳发展"水平在"经济与人口"维度的评分较低。在"科技研发"指标上，南京市社会 R&D 内部支出相当于 GDP 比例和政府节能环保支出占财政支出比较另外三市也较为落后，有进一步提升的空间。在"碳排放"上，无论产出端还是消费端，南京市碳排放均高于另外三个城市。在"环境治理"和"低碳禀赋"上，南京市则有微弱的优势。

安徽省合肥市体现为"环境治理"指标的落后，"零碳发展"水平位列省会城市末位。

（五）长三角零碳发展分组分析

强脱钩组城市由杭州市、宁波市、上海市、苏州市、无锡市、嘉兴市、金华市、丽水市、扬州市、台州市、铜陵市、徐州市、马鞍山市和淮北市，共 14 个城市组成，得分情况如图 3-5 所示。

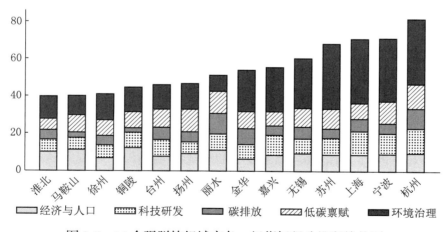

图 3-5　14 个强脱钩组城市各一级指标得分堆积柱状图

14 个城市之间，"环境治理"存在较大差距，"碳排放"存在一定差距，"经济与人口"和"低碳禀赋"则差距不明显。

排名前五市均有"碳达峰／中和承诺"，且除无锡外均是国家低碳试点城市，同时，这些城市"经济与人口"得分相似，它们大多拥有较强的经济实力，经济发展的依赖工业的程度也较小。但是，由于其常住人口规模较大、城镇化率较高，"经济与人口"评分在一定程度上被中和。出于正相反的理由，排名靠后的几个依赖于工业发展经济的城市，得益于较少的人口和较低的城镇化率，其"经济与人口"评分同样受到中和。

其他组城市由剩下的 27 个城市组成，得分情况如图 3-6 所示。

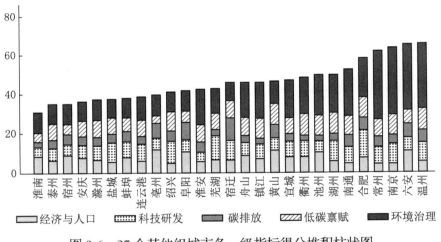

图 3-6　27 个其他组城市各一级指标得分堆积柱状图

其他组城市和强脱钩组城市呈现出相似的趋势："环境治理"得分差距较大，"低碳禀赋"差距不明显。值得注意的是，其他组城市在"科技研发"呈现出了更大的差异。排名前五的城市与靠后的城市相对特征也与强脱钩组内大体相似，只是由于人均 GDP 成为负向指标，这些城市的人均 GDP 在组内相对较低。

综合强脱钩组和其他组在各一级指标的得分差异，可以发现：

当一个城市的经济增长与碳排放实现强脱钩前，城市与城市间的"科技研发"（科学技术水平和科技研发强度）存在较大的差距，"科技研发"对于一个城市的"零碳发展"水平产生了较大的贡献率。但一个城市的经济增长已经实现与碳排放的脱钩，城市与城市间的总体"经济与人口"情况则比较相似，相应地，对于"零碳发展"水平的贡献率就更低。

然而，不同城市实现经济增长与碳排放强脱钩的路径不同。以杭州为代表的城市则注重改善城市能源结构，"经济发展与环境治理并重"的路径。于是，"碳排放"指标的变异程度并没有因为城市经济发展进入"强脱钩"阶段而下降，仍对于长三角城市的"零碳发展"水平保持一定的贡献率。

最后，不管是处在强脱钩前阶段，还是强脱钩阶段，一个城市的"环境治理"努力都对于"零碳发展"水平有不小的贡献。

三、长三角零碳发展特征分析

（一）长三角零碳发展区域差异较为显著

一是长三角 41 个城市"零碳发展"水平差异总体上较为显著。从评级划档角度看，获得 A 档评分的城市与获 B 档评分的城市在"环境治理"和"科技研发"表现出比较显著的差异，在"碳排放"指标也表现出一定的差距；B 档城市则与 C 档城市在"环境治理"和"低碳禀赋"。基于此，要提高城市零碳发展水平，C 档城市可以先从城市建设和环境政策角度着手；B 档城市则应当继续巩固加强环境治理力度，同时重点关注低碳技术和碳治理，朝低碳绿色经济发展转型；A 档城市应当在保持优势的情况下，继续推进低碳城市各方面建设。

二是从省际角度看，长三角三省一市"零碳发展"水平排序依次为上海市、浙江省、江苏省和安徽省。浙江省和江苏省省内差异较大，但是浙江省高分城市（如杭州市、宁波市）表现极为突出；安徽省城市普遍处于 41 个城市中后段。此外，浙江省和江苏省人口集中于"零碳发展"水平较高的城市，而安徽省人口则集中于"零碳发展"水平较低的城市。

（二）经济发展与碳排放脱钩前后各指标贡献率差异较为显著

总体上，强脱钩组与其他组城市"零碳发展"水平分数构成呈现出一定的差异性。当一个城市的经济增长尚未与碳排放脱钩时，"科技研发"对于一个城市的"零碳发展"水平有较大的贡献率。当一个城市的经济增长已经实现与碳排放的脱钩后，很自然地，"经济与人口"情况趋于相似，于是对于"零碳发展"水平的贡献率更低。值得注意的是，由于各个城市的经济增长与碳排放脱钩路径不同（例如上海与杭州），"碳排放"指标的差距并没有随着城市进入强脱钩阶段而缩小，于是"碳排放"指标对于城市零碳发展的贡献率没有下降。无论是在强脱钩阶段还是其他阶段，社会"环境治理"努力对于一个城市"零碳发展"水平都有不小的贡献。

综上所述，长三角各地区城市在城市零碳发展指标体系下，有各自的优势与劣势。一些城市在"科技研发"上具有相对优势；一些城市先天具有良好的绿化条件或者后天"绿色金融"市场蓬勃发展，因而形成"低碳禀赋"优势；还有一些城市采取了有效的"环境治理"。

如果能够在长三角地区内使各种要素有机结合，在技术、资源、政策方面相互扶持、学习，实现长三角地区内协同配合，长三角地区有望加速实现碳中和。

第四节　长三角绿色发展反哺绿色金融竞争力：影响作用分析

本节提出了以下研究假设：长三角地区城市的绿色高质量发展可以反作用于绿色金融发展，能够显著地提升城市的绿色金融竞争力。

一、模型构建

本书选取第二章的长三角绿色金融竞争力评价指标体系与本章的绿色发展评价指标体系 2019—2023 年间对 41 个城市的评价结果作为样本，将两套评价体系的指标作为研究变量，借鉴冯委丽（2023）的分析方法，构建如下线性面板回归模型作为基准回归模型，以检验城市绿色发展的各个维度发展水平是否能有效促进该地区绿色金融竞争力的提升。

$$GF_{it}=\alpha+\beta_1 GROWTH_{it}+\beta_2 ENV_{it}+\beta_3 NATL_{it}+\beta_4 ECER_{it}+\beta_5 PC_{it}+\lambda_t+\mu_{pro}$$

式中：GF_{it} 表示城市 i 在 t 年的绿色金融竞争力，$GROWTH_{it}$ 表示城市 i 在 t 年的经济发展水平，$NATL_{it}$ 表示城市 i 在 t 年的自然禀赋水平，ENV_{it} 表示城市 i 在 t 年的环境质量水平，$ECER_{it}$ 表示城市

i 在 t 年的节能减排水平，PC_{it} 表示城市 i 在 t 年的环境治理水平，λ_t 为时间（年份）固定效应，μ_{pro} 为省份固定效应。

二、绿色金融成果与成效的相关性分析

（一）描述性统计分析

各个指标的描述性统计情况如表 3-12 所示，每个指标的数据量均为 204 个，数据区间为 2019—2023 年间长三角地区三省一市，共计 41 个城市的各领域指标。所有数据均源自中国统计年鉴、各省份和城市的统计年鉴、Wind 宏观数据库以及各地区政府官方网站所发布的公告，少数未能取得的数据均视数据的性质和特征，已用同城历年的数据或同年的省级数据进行填补。指标处理与权重设置均依据变异系数法来实现。

表 3-12　描述性统计分析结果

Var	Count	Mean	SD	Min	Median	Max
GF	204	51.706	17.924	9.756	51.807	95.181
GROWTH	204	52.281	20.720	20	47.760	100
ENV	204	57.989	20.553	20	54.882	100
NATL	204	34.076	18.463	20	28.203	100
ECER	204	75.447	21.033	20	81.696	100
PC	204	81.589	17.259	20	87.231	100

（二）相关性检验

本书的相关性检验结果如下表所示，根据表中列（1）的结果可见，各城市的绿色金融竞争力与该地区的经济增长、环境质量和

节能减排三方面之间的相关性在 1% 的置信水平下显著为正，说明提高城市的绿色金融竞争力，有助于推动当地经济的发展，提升当地居民生活的环境质量，并在节能减排等环境保护战略方面也具有优势。

表 3-13　相关性检验结果

	（1）	（2）	（3）	（4）	（5）	（6）
（1）GF	1.000					
（2）GROWTH	0.380***	1.000				
（3）ENV	0.329***	0.130*	1.000			
（4）NATL	0.078	−0.204***	0.396***	1.000		
（5）ECER	0.237***	0.088	0.160**	−0.006	1.000	
（6）PC	0.100	0.088	0.208***	0.000	0.251***	1.000

（注：***、**、* 分别表示 1%、5% 和 10% 显著性水平）

（三）基准回归分析

为了充分验证城市的绿色金融竞争力对当地的高质量发展的影响，本书借鉴了李梦彤（2023）的研究和分析路径，逐次加入了年份和省份这两个固定效应进行回归。以下四个回归模型均以回归模型（1）作为参考依据，其中回归（1）并没有考虑年份与省份的固定效应；在回归（2）仅考虑了省份固定效应；回归（3）则考虑了年份固定效应；回归（4）同时考量了省份固定与年份固定效应。根据下表所示的四个回归结果可知，绿色金融竞争力均在 1% 的置信水平下显著正向促进当地的经济增长。

从其他控制变量来看，环境质量在大部分回归分析下均与绿色金融竞争力于 1% 的水平下呈显著的正相关性，这说明了城市的环境质量越好，越有利于提升该地区的绿色金融竞争力。同样地，有节能减排指标在大部分情况下都与绿色金融竞争力在 1% 或 5% 的水平下呈显著的正相关性，这意味着当市政府持续推行企业的节能减排的政策，有助于提升该城市在绿色金融政策落实的效果。而自然禀赋和污染治理这两个指标则与城市的绿色金融竞争力没有显著的相关性，其中的可能原因在于二者是绿色金融发展下的间接产物，而不能直接地提升该城市的绿色金融竞争力。

表 3-14　基准回归分析结果

Var	（1）GF	（2）GF	（3）GF	（4）GF
GROWTH	0.2999*** （0.056）	0.3280*** （0.073）	0.2877*** （0.045）	0.2780*** （0.059）
ENV	0.2088*** （0.062）	0.0158 （0.080）	0.2662*** （0.050）	0.1214* （0.065）
NATL	0.0530 （0.068）	0.0947 （0.067）	0.0754 （0.054）	0.1095** （0.053）
ECER	0.1488*** （0.055）	0.1430** （0.059）	0.0873** （0.044）	0.0739 （0.048）
PC	−0.0253 （0.067）	−0.0035 （0.066）	−0.0042 （0.054）	0.0191 （0.053）
Constant	12.9451* （6.855）	27.0550*** （9.849）	−2.8829 （5.747）	9.9055 （8.166）
Observations	204	204	204	204
R-squared	0.254	0.310	0.537	0.571
Year	N	N	Y	Y
Province	N	Y	N	Y

（注：***、**、* 分别表示 1%、5% 和 10% 显著性水平）

三、结论分析

　　本书选取了第二章的长三角绿色金融竞争力评价指标体系与本章的绿色发展评价指标体系 2019—2023 年间对长三角 41 个城市的评价结果作为样本，将两套评价体系的指标作为研究变量，构建双向固定效应模型，实证分析城市绿色高质量发展情况对于其绿色金融发展竞争力水平的线性影响及作用机制，并得出了以下结论：

　　在逐步加入控制变量和固定效应后，实证研究表明城市的经济增长水平对其绿色金融竞争力的影响系数始终为正，且在 1% 的显著性水平上，这表明城市的经济发展水平能够显著提升其绿色金融竞争力。由此可见，政府在积极推进当地第三产业发展的同时，不仅能够刺激当地的经济发展，还能提升其绿色金融竞争力，实现经济效益与环境可持续发展的双重目标。

　　在控制变量方面，环境质量和自然禀赋对城市的绿色金融竞争力也具有显著影响，但节能排放和污染治理虽对绿色金融竞争力也有正向的影响，但效果并不显著。这些结果表明，除了经济发展水平，城市的环境质量和自然禀赋也是影响当地绿色金融竞争力的重要因素，因此政府在推动经济发展的同时，也须将环境保护课题作为政策实施的考量依据之一。

　　综上所述，本书通过实证分析证明了城市经济增长水平、环境质量以及自然禀赋均对其绿色金融竞争力存在显著正向影响，支持了各市政府在追求经济效益的同时积极投身于环境保护的战略方向，继而对各城市的经济可持续发展提供助力。

第四章
长三角绿色金融发展与建议研究

2024 年 7 月 25 日，长三角区域生态环境保护协作小组办公室印发的《长三角区域生态环境保护协作 2024 年工作重点》提出，要推进产业绿色发展，继续加快淘汰落后产能和传统制造业转型升级；通过绿色低碳供应链、绿色领军企业等的培育，提升行业绿色化发展水平。此外，将加快推动区域性排污权交易、绿色金融等制度创新，力争进一步形成一批可复制、可推广的政策制度。本章结合前文绿色金融竞争力评估结果，分别分析长三角三省一市的绿色金融发展的优势与挑战，并提出对策建议。

第一节　上海绿色金融发展

自绿色金融概念提出以来，上海市依托其中国国际经济、金融、贸易、航运、科技创新中心的特殊地位，在绿色金融服务改革、产品创新、市场开拓、对外交流方面一直处于领先地位。上海的绿色发展也展现出了巨大的发展潜力和活力。

一、上海绿色金融发展现状

（一）上海绿色金融发展最新进展

2022 年 6 月 22 日，上海市第十五届人民代表大会常务委员会第四十一次会议通过《上海市浦东新区绿色金融发展若干规定》（以下简称《若干规定》），并于 2022 年 7 月 1 日施行，标志着上海绿色金融立法迈出了重要一步。

《若干规定》的出台是自 2021 年 6 月全国人大常委会授权上海市人大及其常委会制定浦东新区法规以来，上海首次运用立法变通权在金融领域的一次有益尝试。

一是充分贯彻创新、协调、绿色、开放和共享的新发展理念，全面考虑并回应经济、金融、财政、贸易、产业、生态环境、科创以及人才引进等方面对绿色金融发展提出的要求。《若干规定》共 37 个条款，充分吸收了现有绿色金融改革创新的经验，体现了绿色金融主要发展领域的最新成果。

表 4-1　《上海市浦东新区绿色金融发展若干规定》

政策类目	条目	主要内容
目标与责任	1	立法目的
	2	适用范围
	3	政府职责
	4	

（续表）

政策类目	条目	主要内容
制度与标准	5	绿色项目库和补充性绿色金融地方标准
	6	创新监管互动
	7	完善绿色金融评价机制
产品与服务	8	转型金融
	10	生物多样性金融
	11	气候投融资
	12	绿色信贷
	13	绿色票据
	14	绿色债券
	15	绿色债券做市
	16	绿色保险
	17	环境污染责任保险
	18	绿色融资租赁
	19	绿色信托
	20	绿色投资
	21	私募、创投
	22	绿色基金
	23	绿色低碳技术
	24	绿色融资担保
	25	环境权益担保融资
	26	环境权益担保登记
信息披露	27	重点企业环境信息披露
	28	企业重大信息披露
	29	金融机构环境信息披露
数字化改革	30	绿色金融数据服务专题库
	31	企业碳账户和自然人碳账户

（续表）

政策类目	条目	主要内容
促进与保障	9	国际合作
	32	评选和奖励
	33	人才引进与培育
	34	司法保障
	35	第三方机构
附则	36	用语含义
	37	实施时间

二是较好地平衡了绿色金融发展过程中政府与市场的关系，该规定的出台将进一步发挥市场在绿色金融资源配置中的决定性作用，并更好发挥政府在绿色金融发展中的积极作用，在实现经济社会发展全面绿色转型的过程中，该规定将发挥为绿色金融保驾护航的重要作用，确保浦东新区和上海绿色金融改革创新的平稳有序发展。

《若干规定》的出台将推动浦东新区绿色金融创新发展，为浦东新区打造社会主义现代化建设引领区提供强有力的法治保障，同时将助力上海加快打造国际绿色金融枢纽，进一步提高国际金融中心核心竞争力，促进经济社会发展全面绿色转型。

2023年1月，上海银保监局和上海市发改委等八部门联合印发《上海银行业保险业"十四五"期间推动绿色金融发展　服务碳达峰碳中和战略的行动方案》，提出要形成绿色金融可复制可推广的上海方案。

2023年4月，由浦东新区政府及上海市生态环境局主要领导作为双组长的气候投融资试点领导小组成立；4月19日，浦东新区生态环境局和金融工作局在新区办公中心联合举行浦东新区绿色金融发展暨气候投融资促进中心成立大会。

2023 年 12 月 21 日，上海市地方金融监管局会同人民银行上海市分行、国家金融监管总局上海监管局、市发展改革委等部门共同印发了《上海市转型金融目录（试行）》，并于 2024 年 1 月 1 日起生效。

2023 年 12 月 21 日，浦东新区人民政府、上海市生态环境局、国家金融监督管理总局上海监管局、上海市地方金融监督管理局联合发文《浦东新区环境污染责任保险管理暂行办法》，作为规范性文件于 2024 年 1 月 1 日起施行。

2023 年 12 月 28 日，上海市第十六届人民代表大会常务委员会第九次会议通过《上海市发展方式绿色转型促进条例》，并于 2024 年 1 月 1 日起施行。

2024 年 1 月 11 日，上海市地方金融监督管理局、上海市生态环境局、上海市发展和改革委员会共同举办了上海绿色金融服务平台上线仪式。上海绿色金融服务平台围绕金融服务经济绿色低碳转型的发展要求，由绿色低碳政策信息服务、绿色金融产品展示对接、绿色产业识别和信用评价、绿色项目库、统计分析及风险预警等功能模块组成。目前，平台绿色项目库已运用金融科技工具，探索绿色项目要素智能识别、环境风险自动审核和分类标识及时认定，完成首批入库项目 11 个，促成项目融资 35.81 亿元。

2024 年 4 月 12 日，上海证券交易所、深圳证券交易所和北京证券交易所正式发布《上市公司可持续发展报告指引》，自 5 月 1 日起实施。明确报告期内持续被纳入上证 180、科创 50、深证 100、创业板指数样本公司，以及境内外同时上市的公司应当最晚在 2026 年首次披露 2025 年度可持续发展报告。

据统计，截至 2023 年末，上交所共 1020 家上市公司披露了

2022 年度社会责任报告、ESG 报告或可持续发展报告，披露率达到 47%，披露数量和占比均创出新高。

根据国家金融监督管理总局上海监管局数据，截至 2024 年一季度末，上海辖内银行业绿色融资余额合计 15666.15 亿元，较年初增长 9.58%。其中，绿色信贷余额 15191.96 亿元，较年初增长 10.04%；非金融企业绿色债券投资余额 178.41 亿元，较年初增长 9.15%，绿色金融业务发展迅速。

《上海市转型金融目录（试行）》发布后，交通银行上海分行和浦发银行分别落地了首笔水上运输业转型金融贷款和首笔航空运输业转型金融贷款。

在碳市场建设方面，上海碳市场总体交易规模始终位居全国前列，截至 2023 年末，上海碳排放交易市场已吸引 1860 多家单位开户交易，现货品种累计成交量达 2.4 亿吨，累计成交额 42.22 亿元，国家自愿核证减排量（CCER）成交量稳居全国第一。

同时，浦东新区作为上海国际绿色金融枢纽的核心承载区，在绿色信贷、绿色证券和绿色租赁三大领域集中发力。

一是着力推进实施绿色信贷计划。围绕浦东新区重点产业绿色转型发展需求，推动银行信贷资源与浦东新区绿色产业项目有效对接，推动绿色信贷扩量提质，打造全国绿色信贷最佳实践区。汇编《2022 年度浦东新区绿色信贷创新产品手册》，发挥《上海市浦东新区绿色金融发展若干规定》示范引领作用。健全知识产权质押融资工作机制，积极搭建银企长效对接桥梁，持续提升金融服务效能和水平。先后有全球首笔《中欧共同分类目录》下低碳制氢绿色贷款、全国首单航运业 ESG 挂钩银团贷款、上海市首笔转型金融贷款等一批国内外首创案例落地。截至 2023 年底，人民银行口径项下 21 家中外资银行浦东地区绿色贷款余额 3342.8 亿元，同比增长 51.0%。

二是着力推进实施绿色证券计划。打造全国绿色证券产品创新、认证评价、推介发行、配置管理的中心枢纽，鼓励基金、资管等金融机构发行挂钩浦东新区绿色指数的理财、资管产品，引导更多资本投入浦东新区绿色产业。据统计，截至 2023 年底，浦东新区企业共发行 49 笔绿色债券，占全市的 71%；累计发行绿色债券规模总额 758 亿元，占全市的 56%，发行规模较 2022 年增长 23%。

三是着力推进实施绿色租赁计划。从资金需求端和供给端同时发力，支持租赁公司通过信贷、发债等多种方式拓宽资金来源，降低实体企业绿色租赁业务成本，支持浦东新区头部融资租赁公司在新能源、污水处理、绿色农业等多领域开展绿色相关业务。据统计，2023年末浦东新区绿色租赁资产余额规模约 6300 亿元，占全国绿色租赁资产规模 43%，业务主要集中在清洁能源、基础设施建设、环保产业、绿色交通等领域。

（二）上海国际绿色金融枢纽建设：基于全球绿色金融指数的分析

国际金融中心指数（GFCI）是全球最具权威的国际金融中心指标之一，评价体系涵盖了营商环境、人力资本、基础设施、金融体系及声誉等五大指标（图 4-1）。在 2024 年 3 月发布的第 35 期国际金融中心指数中（GFCI 35），上海的国际金融中心建设水平在全球排名第 6，较上期提升了 1 位。

全球绿色金融指数（GGFI）基于全球 100 余个金融中心金融专业人士的问卷调查，并结合多个工具因子测度而得出。其评价体系涵盖了可持续性、基础设施、人力资本、商业等四大指标（图4-2）。在2024年4月发布的第13期全球绿色金融指数中（GGFI 13），上海的绿色金融综合实力在全球排名第28，较上期下降了8位。

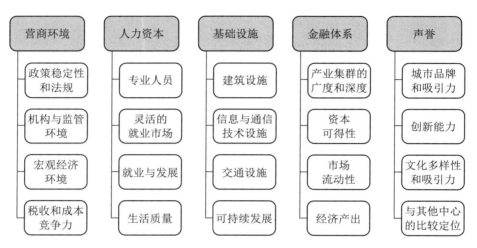

图 4-1 国际金融中心指数的重点关注领域

（资料来源：Global Financial Centres Index 35）

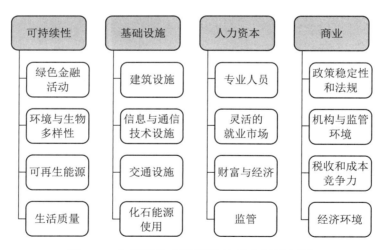

图 4-2 全球绿色金融指数的重点关注领域

（资料来源：The Global Green Finance Index 13）

通过对比国际金融中心指数和全球绿色金融指数的排名结果，可以发现上海的绿色金融发展水平与国际金融中心建设水平存在一定差距（表4-2）。一部分原因取决于两个指数在问卷调查中面向人群的差异，但更多地反映在指标选取的差异上。对比国际金融中心指数和全球绿色金融指数的重点关注领域可以发现，两个指数在基础设施、人力资本和商业（营商环境）三个维度的指标基本一致，主要的指标差异体现在可持续性和金融体系维度（图4-3）。

表4-2　最近5期上海绿色金融与国际金融中心指数排名

国际金融中心指数	GFCI 31	GFCI 32	GFCI 33	GFCI 34	GFCI 35
上海排名	4	6	7	7	6
全球绿色金融指数	GGFI 9	GGFI 10	GGFI 11	GGFI 12	GGFI 13
上海排名	18	17	20	20	28

（资料来源：作者根据公开资料自行整理）

进一步对比上海在两个指数的重点评价维度排名结果可以发现（表4-3），上海的传统金融业发展基础较好，体系较为完善，但是相比于纽约、伦敦等国际金融中心城市，上海确实在绿色金融实力方面还相对比较薄弱，绿色金融相关领域有待进一步补强，才能更好地推动上海国际金融中心建设和国际绿色金融枢纽建设。

表4-3　上海在GGFI 13与GFCI 35的重点评价维度排名结果对比

指数	全球绿色金融指数				国际金融中心指数				
维度	可持续性	基础设施	人力资本	商业	营商环境	人力资本	基础设施	金融体系	声誉
排名	15名之后	15名之后	15名之后	15名之后	5	11	14	9	6

（资料来源：Global Financial Centres Index 35, The Global Green Finance Index 13）

二、上海绿色金融发展优势与挑战

（一）上海绿色金融发展的优势

自绿色金融概念提出以来，上海市依托其中国国际经济、金融、贸易、航运、科技创新中心的特殊地位，在绿色金融服务改革、产品创新、市场开拓、对外交流方面一直处于领先地位。上海的绿色发展也展现出了巨大的发展潜力和活力。具体而言，上海在发展绿色金融方面的优势主要体现在以下几个方面：

1. 金融市场齐备优势

绿色金融的发展需要依托完善的金融市场体系，上海已经成为全球金融市场发展格局最为完备的金融中心城市之一，金融市场门类齐全，交易活跃，国际影响力不断提升。目前，上海集聚了包括股票、债券、货币、外汇、票据、期货、黄金、保险、信托等各类全国性金融市场。2023 年上海市金融业增加值 8646.86 亿元，比上年增长 5.2%。全年金融市场交易总额达到 3373.63 万亿元，比上年增长 15.0%。上海证券交易所总成交额 551.54 万亿元，比上年增长 11.2%。其中，股票成交额 89.36 万亿元，下降 7.2%；债券成交额 35.81 万亿元，增长 64.1%。

2. 金融对外开放前沿优势

发展绿色金融需要加强国际合作与交流。上海是中国对外开放的前沿，近年来在金融开放方面的优势不断凸显。金融市场互联互通日益扩大，众多全球知名金融机构纷纷落户上海。截至 2023 年末，上海各类持牌金融机构达 1771 家，其中外资金融机构占比近三分之一。持牌资管机构近 200 家，资管规模占全国比重近 30%。金融改革开放深入推进，自贸试验区及临港新片区金融开放创新不断深化，自由贸易账户适用范围已实现银证保三类机构全覆盖。上海再保险"国际板"建设正式启动。"沪港通""债券通""互换通"等金融市场互联互通运行平稳。人民币跨境使用枢纽地位不断巩固，2023年上海跨境人民币结算量突破20万亿元，在全国结算总量中比重超过43%。

3. 长三角一体化国家战略优势

《长江三角洲区域一体化发展规划纲要》中提出"高水平建设长三角生态绿色一体化发展示范区"，为上海绿色金融发展提供了重要支撑。2020年3月，长三角生态绿色一体化发展示范区执委会会同人民银行上海总部等12个部门联合出台了《关于在长三角生态绿色一体化发展示范区深化落实金融支持政策推进先行先试的若干举措》，标志着长三角生态绿色一体化发展示范区金融服务"同城化"全面启动。

4. 金融人才集聚优势

绿色金融是综合经济、金融、环境科学、生态保护等多个学科的跨学科领域，发展绿色金融需要大量跨学科、专业性人才。上海高校院所较多，相关学科门类丰富且水平较高，覆盖绿色金融和环保科技的各个领域，此外还汇聚了大量的跨国公司研发机构，高端人才集聚，相关金融要素市场、金融机构和中介机构等也有扎实的人才基础。2023年上海金融从业人员达50万人。

（二）上海绿色金融发展的挑战

1. 绿色金融创新不足

受碳中和政策推动，上海绿色金融相关政策逐步推出，金融机构越来越重视绿色金融市场的发展，但总体上，无论是政策还是市场，都还比较缺乏创新性，主要停留在复制其他绿金改革创新区实践的做法上，在金融工具创新、金融产品开发、金融科技应用等方面都有所不足，无法满足碳中和以及生态环境保护对绿色投融资提出的巨大需求，其中，碳市场的金融创新发展速度缓慢，妨碍了碳市场发挥碳排放价格和价值调节的功能。

2. 绿色金融协同不足

目前各界都高度重视绿色金融发展，但在几方面缺乏融合和协同，一是各界协同，产业界、金融机构以及政府部门之间的交流协同，二是各地区融合，长三角各省市之间在绿色金融标准制定、信息公开等方面的合作，三是产学研融合，绿色金融研究需要开展顶层设计和落地执行等方面的跨学科、跨界合作，打造全国和全球具有影响力的绿色金融合作交流平台。

3. 绿色金融激励不足

各地在绿色金融发展上制定了很多财政和市场化的激励政策，上海还没有相关的政策，有必要对于绿色金融创新和绿色金融产品开发以及金融机构的绿色转型提供更多支持，特别是对成绩突出的金融机构和项目采取各种形式的奖励和鼓励措施。

三、上海绿色金融发展对策建议

结合《上海市浦东新区绿色金融发展若干规定》中关于各领域制度建设的相关要求和规划，本书对上海促进绿色金融发展的重点配套制度提出如下建议：

（一）更新并完善上海国际金融中心建设的相关规章制度

目前上海国际金融中心已基本建成，有必要结合国际国内的最新发展形势，以"绿色"为切入点，推动相关的规章制度修订更新。有必要将绿色金融发展与国际金融中心建设有机融合，发挥绿色金融促进上海经济社会发展全面绿色转型的重要作用，有针对性地发展绿色金融重点领域，如 ESG 金融、转型金融、碳金融等，助力上海加快打造国际绿色金融枢纽，进一步提高国际金融中心核心竞争力。

（二）构建绿色产业认定及绿色金融评估体系

应持续完善绿色项目、绿色企业认定评价办法，探索制定绿色农业、绿色消费等重点发展领域绿色认定标准，划定产业边界，协调部门共识，凝聚政策合力。加快培育全国性绿色评估认证机构，支持相关交易所开展绿色债券评估认证业务并争取相关资质，完善绿色认证评估体系。引进国外信誉良好、专业性强、影响力大的第三方评级机构、绿色认证机构来沪发展，支持开展绿色企业和绿色项目资质审核、绿色信用评级等业务。

（三）建立健全金融机构绿色金融业务评价激励机制

可以以上海绿色金融专营机构建设标准为基础，制定上海绿色金融专营机构评价标准，推动评选建立一批上海绿色金融专营机构。同时，健全完善上海绿色金融专营机构的激励机制，综合运用财政奖补、考核评价、优秀案例评选等多种方式，提高上海绿色金融专营机构建设的积极性。

（四）建立财政税收支持机制

加强财政金融互动，对发行绿色债券和绿色上市企业给予奖励。符合条件的绿色项目库企业可按规定享受税收优惠。对符合条件的生态环保项目给予财政融资贴息支持。建立绿色企业、绿色项目认证补助制度，推动形成支持绿色金融发展的政策合力，提高绿色投资社会认可度。

（五）大力推进转型金融发展

一是加强上海市转型金融相关政策措施、法律法规、标准文件的制定和执行，为转型金融提供法律保障和标准指导。二是制定和完善上海市转型金融激励约束机制，鼓励各类主体积极参与转型金融体系建设。三是建立和完善转型金融服务平台，构建上海市转型金融项目库平台、产融对接平台、产学研合作平台等专业服务平台。四是构建多层次的上海转型金融市场体系，并加强跨部门、跨行业、跨机构的交流合作，不断推进转型金融能力建设和产品创新。

（六）进一步优化气候投融资试点工作

上海要在现有良好基础上进一步开拓创新，在气候投融资试点过程中充分发挥自身优势。要继续发挥先行先试作用，探索建立更加灵活高效的气候投融资机制，为全国其他地区树立标杆。要充分利用生态环境资源与环保治理经验，构建全社会共同参与的绿色发展格局。要加强气候变化相关政策措施、法律法规、标准的制定和执行，为气候投融资提供法律保障和标准指导。要制定和完善气候投融资激励机制，包括税收优惠、补贴、贷款利率优惠等，鼓励各类主体参与气候投融资。要建立和完善气候投融资的监测评估体系，及时收集和分析数据和信息，评价气候投融资的效果和影响。要鼓励加强国际合作和交流，借鉴国际经验和做法，推动气候投融资的规范化和国际化。

（七）加大绿色产业投资力度

遵循"政府支持、商业运作"原则，按照"母基金＋地方直投基金"组合模式，在以国内大循环为主体、国内国际双循环相互促进的新发展格局下，聚焦能源、工业、建筑、交通等重点领域碳排放降低和低碳技术创新、碳汇和负排放技术等领域能力提升，进一步设立多层级绿色产业发展基金，以绿色项目系统推进绿色低碳转型。积极鼓励对水风光等可再生能源的有效综合利用，着力构建清洁低碳安全高效能源体系。壮大节能环保、新能源、循环利用等产业。

（八）结合长三角一体化战略，建立长三角绿色金融产品交易市场，统一区域绿色金融标准

一是结合长三角三省一市绿色金融发展现状与发展需求，制定长三角地区绿色金融标准体系。二是打造长三角绿色金融综合服务平台，建立区域性绿色金融产品交易市场，发挥区域融合联动优势，推动长三角绿色金融一体化发展。三是在上海、浙江及江苏现有绿色项目库建设经验的基础上，推动打造长三角地区绿色项目库，推动更大范围的产融对接。四是以浦东新区绿色金融立法为契机，探索长三角绿色金融区域立法。

第二节　浙江绿色金融发展

　　浙江省作为拥有湖州市和衢州市两个国家级绿色金融改革创新试验区的省份，深入践行"绿水青山就是金山银山"理念，持续推进绿色金融改革创新发展。

一、浙江绿色金融发展现状

　　浙江省以绿色金融改革创新试验区建设为切入点，不断在绿色金融体制机制、标准体系、产品服务等方面开展创新实践。

　　在省级层面，陆续出台《关于金融支持碳达峰碳中和的指导意见》《浙江省绿色金融支持碳达峰碳中和实施方案》《浙江银行业保险业支持"6+1"重点领域　助力碳达峰碳中和行动方案》《关于做好能源保供和能耗"双控"金融工作的通知》《浙江省碳排放配额抵押贷款操作指引（暂行）》等文件，明确工作任务，细化支持举措，强化业务指导，推进全省绿色金融低碳发展。

　　2024年3月，国家金融监督管理总局浙江监管局发布《关于金融高质量服务经济社会发展的实施意见》提出，浙江将加大对清洁能源、绿色制造、绿色建筑、产业低碳转型等领域金融支持，杜绝"洗绿"行为，推动绿色信贷稳步增长，力争2024年全省绿色信贷增速超20%。支持有条件的银行保险机构建设绿色金融专业部门、特色分支机构，深入开展环境信息披露工作。发展绿色保险产品，探索差别化保险费率机制，提升对绿色经济活动的风险保障能力。支持湖州、衢州建设绿色金融改革创新示范区，加快丽水气候投融资、湖州转型金融等试点建设。

在试验区层面，湖州和衢州于 2017 年被国务院批准为全国首批"绿色金融改革创新试验区"，近年来有力推动绿色金融标准体系建设不断完善，信息披露有效打通，金融政策支持覆盖面进一步增强。

（一）完善绿色金融标准体系

截至 2023 年末，浙江省已发布地方绿色金融规范近 30 项，位居全国第一。2024 年 2 月，浙江省金融学会围绕转型金融、数字化平台建设等领域，批准发布《纺织行业转型金融支持经济活动目录》《银行业金融机构转型贷款实施规范》《绿色金融信息服务平台基本要求》三项团体标准，进一步加强标准引领，促进金融机构加大对高碳行业、高碳企业绿色低碳转型的支持力度。

（二）推进碳账户体系建设

2020 年，衢州市正式启动了个人碳账户系统平台建设工作，推动相关数据和积分在银行机构与政府部门之间实现共享。制定出台了《衢州市碳账户应用场景建设方案》等标准体系，对各类社会主体碳行为进行智能监测和动态核算，形成"碳画像""碳信用""碳资产"，构建了"降碳、减污、扩绿、增长"发展格局。截至 2024 年上半年，衢州市共建立个人碳账户 218 万户，覆盖常住人口比率达 95%，依法采集入库数据 7600 余万条，累计减少个人碳排放 5.92 万吨。

同时，湖州市在 2024 年 6 月发布的《国家碳达峰试点（湖州）实施方案》提出，要依托"工业碳效码""碳账户"综合支撑平台，依据企业碳强度水平和碳减排情况，创新"碳效贷""转型贷"等金融产品服务，引导传统高碳行业小微企业低碳转型。并提出要打造一体化转型金融数字平台，前端提供碳账户、碳排放等数据共享，中端提供碳核算、碳效评价等算法支持，后端提供信贷、担保等金融服务。

（三）创新绿色金融产品和服务模式

衢州市围绕环境金融、转型金融、生物多样性金融、绿色普惠金融四大重点领域重点发力。在环境金融方面，以"生猪＋开启、集美"等模式创新为依托，建立绿色农业循环机制；打造"化工＋巨化""特种纸＋仙鹤、五洲""钢铁＋元立""新能源＋华友"等一批工业绿色转型模式，初步建成绿色生态产业链网。在转型金融方面，首创了基于碳账户的转型金融 5e 数智体系，包括碳排放 e 本账、碳征信 e 报告、碳政策 e 发布、碳金融 e 超市、碳效益 e 评估五大功能要素。在金融支持生物多样性方面，制定《银行业生物多样性风险管理指南》，将生物多样性风险管理嵌入信贷管理全流程。在绿色金融与普惠金融融合方面，出台《江山市绿色金融与普惠金融融合发展试点工作方案》，并探索"绿色金融＋普惠金融"复合贷款。

湖州市创新打造"绿贷通"等"一平台三系统"，累计帮助 4.2 万余家企业获得授信超 5100 亿元；首创工业碳效码并创新 30 余款相关信贷产品。

（四）探索地方绿色金融立法

2024 年 4 月，中国人民银行、国家发展改革委等七部门印发的《关于进一步强化金融支持绿色低碳发展的指导意见》提出，发挥法治固根本、稳预期、利长远的保障作用，推进绿色金融领域立法，促进金融支持绿色转型和低碳发展。鼓励有条件的地方依法率先出台地方性绿色金融法规。2021 年 11 月，湖州市出台地市级首部《绿色金融促进条例》，为推动绿色金融法治化建设提供了"浙江方案"。

二、浙江绿色金融发展优势与挑战

（一）浙江绿色金融发展的优势

1. 制定了较为完善的区域标准

浙江省已发布地方绿色金融规范近 30 项，居全国之首。绿色金融标准体系的建设，既有利于保障绿色金融规范有序拓展，也有利于运用标准化的方式复制推广先进经验，推动区域整体绿色金融创新升级，助力全面均衡高质量发展。

2. 加强了环境信息披露要求

2022 年 4 月，浙江省生态环境厅印发的《浙江省环境信息依法披露制度改革实施方案》提出，到 2022 年，浙江省企业环境信息依法披露系统基本建成，实现省市贯通；到 2023 年，企业环境信息依法披露有序开展，按国家要求开展环境信息依法披露制度改革评估；到 2025 年，环境信息依法披露制度基本形成。

2023 年 2 月，根据生态环境部统一部署，我国环境信息依法披露制度全面实施。浙江省按照国家要求，规定企业应当于每年 3 月 15 日前披露上一年度 1 月 1 日至 12 月 31 日的环境信息。

3. 创新绿色金融监管评价体系

2021 年 12 月，人民银行杭州中心支行印发《浙江省银行业金融机构（法人）绿色金融评价实施细则》，在人民银行总行制定的三大定性指标基础上，从战略规划、政策体系、组织体系、制度建设等多方面补充各项指标具体得分点，重点强化了环境信息披露相关要求，充分发挥了绿色金融评价的引导作用。

（二）浙江绿色金融发展的挑战

1. 政策及保障体系需要及时完善

在绿色金融改革创新试验区建设带动下，浙江省的绿色金融体系发展较快。然而，随着发展的深入和绿色金融产品的不断创新，浙江省仍需完善或出台更加完善的制度、政策，以推动绿色金融的持续发展。

2. 绿色金融成效评估困难

当前，浙江省特别是绿色金融改革创新试验区建设的成效评估，大多仍停留在绿色产品的评估和统计层面，但对于实际带来的经济、环境等效益以及影响机制等问题的探讨相对较少，在分析绿色金融如何助力经济高质量发展的问题上，缺乏有力的评估分析工具和方法。

三、浙江绿色金融发展对策建议

（一）发展数字化技术为绿色金融赋能

在推进绿色金融改革创新的道路上，坚持加大数字化技术运用，充分发挥数字经济和数字改革优势，添加金融科技元素，提升金融要素的配置效率，助推政府打造掌上服务和管理平台，运用信息技术推动打造绿色金融信息系统、绿色主题认定系统、绿色银行监管系统以及绿色金融综合服务平台，全面加速政府、银行、企业的绿色金融数字化转型。科技创新不仅能助力传统产业实现绿色转型，而且能够推动绿色金融产品的创新与发展。

（二）探索绿色金融评估体系

完善绿色金融项目的跟踪评估机制，建立健全的反馈机制，进行更深入的市场研究，提高绿色金融项目的透明度。鼓励金融机构和企业建立内部评估体系，主动监测和报告绿色金融项目的经济和环境效益，增强绿色金融市场的透明度和公信力，避免"洗绿""漂绿"的发生。

（三）创新绿色金融产品及服务

加强绿色金融产品创新与推广，通过不断丰富绿色金融产品体系，提高绿色金融服务的覆盖面和质量。浙江省应当将产品、服务与机制创新作为改革的关键着力点，全面提高绿色金融市场的供给能力。

（四）加强绿色金融领域专业人才培养

浙江省有丰富的高等教育资源，应充分调动高校的积极性，搭建绿色金融课程体系，建立绿色金融人才培养体系，为绿色金融发展培养专业的人才队伍。同时，可以和政府部门、金融机构强化能力建设与职业培训等多种合作方式，强化从业人员对绿色金融的理解。

（五）总结经验形成绿色金融发展有效路径

在推动绿色金融相关制度建设、搭建完善的绿色金融数字服务平台、研究开发绿色金融创新产品、全面助力"政银企"绿色转型的基础上继续探索推动绿色金融可持续发展的有效路径，加强绿色金融案例实施经验交流，通过建立省内、长三角地区乃至全国范围内的交流合作平台促进最佳实践的共享，从而加速绿色金融技术和产品的创新发展。总结目前绿色金融改革创新的成功案例，形成可复制、可推广的成功模式，继续发挥绿色金融改革创新试验区的模范作用。

第三节　江苏绿色金融发展

近年来，江苏省以推动经济绿色低碳发展和创新转型升级为导向，构建具有江苏特色的绿色金融政策体系、组织体系、产品体系和风控体系，引导和激励更多金融资源支持节能减排和绿色发展，助推绿色低碳循环发展经济体系加快建立。

一、江苏绿色金融发展现状

近年来，江苏省政府为了推动当地绿色发展，建立绿色金融体系，规范绿色投融资活动，达到促进环境保护和资源节约的正效应，积极出台了一系列相关政策支持绿色金融发展。

2021 年 11 月，江苏省政府办公厅印发《关于大力发展绿色金融指导意见的通知》，要求推动经济绿色低碳发展和创新转型升级，加快绿色低碳循环发展经济体系建设，推动江苏绿色金融高质量发展，旨在构建具有江苏特色的绿色金融体系，引导和激励更多金融资源支持节能减排和绿色发展，确保如期实现"双碳"目标。

2022 年 1 月，江苏省人民政府发布的《关于加快建立健全绿色低碳循环发展经济体系的实施意见》提出，形成绿色低碳循环发展的生产体系、流通体系、消费体系，全方位全过程推行绿色规划、绿色设计、绿色投资、绿色建设、绿色生产、绿色流通、绿色生活、绿色消费、绿色金融，建立健全绿色低碳循环发展经济体系。

2022年6月，江苏省银保监局发布《江苏银行业保险业深化绿色金融服务行动方案》，提出要创新绿色融资产品服务，并提及保障重点领域绿色金融供给；优化绿色低碳金融服务机制；创新绿色低碳金融产品服务；鼓励发展绿色供应链金融等重点工作。

2022年11月，江苏省地方金融监督管理局联合出台《关于开展省级绿色金融创新改革试验区试点工作的通知》，为江苏省开展省级绿色金融创新改革试验区试点工作提供了政策指导与标准参考。

2023年4月，江苏省财政厅自然资源和生态环境处发布《江苏省财政支持做好碳达峰碳中和工作实施方案》，鼓励金融机构积极构建绿色金融体系、创新绿色金融服务，带动社会资本支持绿色低碳发展。同时提出要积极构建具有江苏特色的财政绿色金融政策体系，引导和激励更多金融资源支持节能减排和绿色发展，综合运用"环保贷"、"环保担"、绿色债券贴息等政策，引导金融资源向绿色产业和绿色项目集聚。

2023年11月，江苏省地方金融监督管理局、人民银行江苏省分行联合下发《关于公布江苏省首批省级绿色金融创新改革试验区名单的通知》，在全省县域探索绿色金融支持发展方式绿色转型的新路径，全省13个地区入选，包括：宜兴市、南京江北新区、溧阳市、昆山高新区、邳州市、泰兴市、扬州市江都区、东台市、盐城市亭湖区、连云港徐圩新区、如皋市、沭阳县、扬中市。

2024年5月30日，人民银行江苏省分行、国家金融监管总局江苏监管局、省委金融办、省发展改革委联合印发《江苏省银行业金融机构环境信息披露指引（试行）》，要求把做好银行业金融机构环境信息披露作为推动江苏绿色金融高质量发展的重要举措，结合江苏实际，规定了银行业金融机构在环境信息披露过程中遵循的原则、披露的形式、内容要素以及各要素的原则要求等。

2024 年 5 月，人民银行江苏省分行、省委金融办、省发展改革委、省生态环境厅、省工业和信息化厅、省科技厅、省财政厅和省联合征信等有关部门正式发布江苏省绿色金融综合服务平台。该平台通过产融对接、政策宣介、信息采集、跟踪督办等核心功能，构建"四位一体"绿色金融服务机制，将充分发挥绿色金融基础设施作用，有力有序推动江苏绿色金融高质量发展。

截至 2024 年一季度末，江苏省绿色信贷余额 4.1 万亿元，同比增长 41.2%，较年初新增 5363.2 亿元。此外，2024 年上半年江苏省的绿色债券发行数量和规模均位于全国前四，发行 30 只绿色债券，全国占比 15.08%；发行规模 436.61 亿元，全国占比 17.54%，同比增幅从 184.37 亿元增长至 436.61 亿元。

二、江苏绿色金融发展优势与挑战

（一）江苏绿色金融发展的优势

1. 绿色金融产品体系逐渐丰富，市场结构愈加合理

江苏省在大力发展绿色信贷、绿色债券等传统绿色金融工具的同时，创新推出绿色发展基金、绿色 PPP 项目、绿色投贷联动等一系列新型绿色金融工具，着力构建完善的绿色金融体系，取得了初步成效。目前绿色信贷市场稳健发展，为绿色企业和项目持续提供便捷、

低成本的融资；绿色债券市场进入稳定增长阶段，受到较低融资成本的鼓舞，实体经济积极参与绿色债券发行的步伐有望加速；绿色股票及相关指数等量化产品和工具日趋丰富，引领责任投融资走向主流；绿色基金与绿色 PPP 项目稳步增加，特别是绿色 PPP 项目库已经粗具规模；绿色保险发展始终走在全国前列，创新发展多种类保险产品，为企业绿色发展保驾护航。

2. 绿色金融跨领域拓展机遇丰富

新技术、新模式、新业态正在不断冲击着传统市场，同时也改变着绿色金融市场运作的方式和规则，绿色金融与新兴领域的相互融合可以创造出更多的新机遇、新市场和新产品。支持科技创新与高新技术产业发展是江苏省的重要发展战略，为江苏省绿色金融与科技创新，特别是金融科技的创新融合发展提供了良好的机遇。金融科技的发展可以有效解决绿色金融面临的信息不对称、市场流动性较低等关键问题，促进绿色金融产品的繁荣和发展。

（二）江苏绿色金融发展的挑战

1. 绿色金融制度体系有待健全

目前，江苏省已经初步建立了绿色金融激励约束制度、绿色认证制度和环境信息披露制度，但是仍缺少明确的绿色金融监管制度。建立绿色金融监管制度有利于防范化解绿色金融发展中的道德风险，促进绿色金融市场健康持续发展。

2. 绿色金融与转型金融还需有效融合

转型金融重点服务于具有显著碳减排效益的产业和项目，为高排放或难以减排领域的低碳转型提供合理必要的资金支持，可在确保

"安全降碳"前提下，推动绿色产业和绿色项目在经济活动中的占比不断提高。据统计，2023 年江苏制造业增加值 4.66 万亿元，占 GDP 比重达 36.3%。此外，江苏的工业增加值占 GDP 的比重提升明显。工业对全省经济增长的贡献率已超过 50%。但是目前江苏省尚未布局转型金融，可能会对制造业进一步高质量发展造成影响。应当借鉴上海等地的发展经验，从钢铁、化工、装备制造等重点领域入手编制转型金融目录，优先支持技术先进、碳减排效应显著的领域，通过金融要素引导其转型变革。

三、江苏绿色金融发展对策建议

（一）加强绿色金融顶层制度设计

研究制定江苏省绿色金融发展条例，明确地方政府职责、部门分工、绿色金融产业规划编制、财政配套政策、业务配套支持、绿色金融活动规范及监管与风险防范处置等规定，改善地方金融部门在推动绿色金融工作中面临无法可依、无章可循的窘迫境地。结合长江经济带建设、长三角一体化发展以及"一带一路"建设的实际需求，明确江苏省绿色金融产业规划定位，并通过合理的规划和政策的引导，指导承担不同功能的区域充分发挥本辖区的特色和优势，根据自身基础条件、资源禀赋和功能定位，选择不同的模式和路径，满足当地绿色金融产业发展的需求。

（二）加大绿色金融产品和服务创新模式的探索

充分利用已成熟的林权抵押贷款、排污权抵押贷款、环境服务项目未来收益权质押融资等创新型信贷产品，提高企业绿色信贷的可获得性。鼓励银行等金融机构积极探索新型的绿色经济融资模式，通过融资租赁、并购贷款、股权融资、财务顾问、银团贷款、碳金融等多种综合化金融服务方式，支持优质客户在技术改造升级、研发能力提高、绿色低碳发展等方面的业务需求，促进企业技术升级。鼓励企业和金融机构发行绿色债券。积极探索绿色信贷资产证券化，拓宽绿色项目投融资渠道。鼓励设立各类绿色产业基金，有效利用 PPP 等多元参与模式，撬动更多的社会资本。培育绿色企业上市，利用资本市场融资，有效提高绿色企业直接融资比重，降低融资成本。不断完善环境高风险领域环境污染责任保险制度，大力发展巨灾保险、环保技术装备保险、绿色企业贷款保证保险、生态农业保险等多种绿色保险险种，不断拓宽服务领域，更好满足社会和企业绿色发展的各种需要。鼓励探索使用碳排放权、排污权、用能权、用水权等收益权，以及知识产权、预期绿色收益质押等增信担保方式。

（三）加快引进和培养本土化的绿色金融人才

随着江苏省绿色金融产业发展，对于绿色金融产品设计、绿色认证评估、项目审核等各个环节的人才和专家的需求急速增加。高端人才"择良木而栖"，不仅看重工作环境的自然条件，更关注工作之外的人文条件，即生活便利、娱乐休闲和各类公共服务等。高效的基础设施可以为金融从业者提供舒适的工作和生活环境，使得相关人员更愿意"扎根"当地，形成区域人才集聚高地。同时，要精准引进绿色金融发展所需的人才智力，还要有一系列人才引进优惠政策配合，要使境内外的绿色金融业高端人才在江苏省能够"引得进、发展好、留得住"。面向绿色金融引进的高管人员和专业技术人才，可在户籍管理、个人所得税、住房补贴、配偶就业、子女教育、医疗保障、保障性商品房配售等方面享受相关优惠政策。对于相关金融机构，可在场地租金、办公条件、工作人员居住条件方面给予优惠扶持。适时邀请国内外著名金融企业、智库机构、专家学者等参与绿色金融合作交流论坛、招商引资、人才对接等，争取绿色金融要素的聚集，并扩大江苏省在绿色金融领域的品牌影响力。鼓励金融机构加强与高校、权威培训机构的合作，以绿色金融核心课程为主要培训内容，通过开展专项培训和综合业务培训，培养一批具有较高业务水平，熟悉国际惯例的绿色金融人才。

（四）健全绿色金融的信息共享和风险防范机制

建立符合地方特点的绿色融资审查体系，严格监督资金的使用方向和影响结果，培育专业的第三方绿色评估机构，建立企业和项目的绿色评级体系，确保绿色融资资金投向真正的绿色项目。完善绿色金融监管，加强各部门和自律机构之间的管理协作，将信贷获取者、债券发行人、资金使用者的违规欺诈信息纳入绿色金融综合服务平台，在发挥常规化监测机制功能的同时，鼓励社会监督，加大对违规行为的处罚力度。建立健全风险预警机制，及时发现和管控企业出现"洗绿"等行为，守住不发生系统性金融风险的底线。

（五）加大推进技术进步的力度，强化绿色金融科技创新支撑

中央金融工作会议指出"要做好科技金融、绿色金融、普惠金融、养老金融、数字金融五篇大文章"。江苏省应当充分发挥高新技

术产业基础雄厚、知名高校集聚、科技创新平台众多的区位优势，借鉴国内外先进的绿色管理理念，充分发挥行业协会、企业、科研机构、高校等各方面力量，以发展包括区块链、人工智能、物联网等新一代信息代表技术为引领，坚定不移落实科创建设，深化产学研合作，将绿色金融发展与金融科技有机结合，利用金融科技解决信息不对称问题、提升绿色金融市场效率、满足绿色金融转型需求，保证地区环境全要素生产率稳步提高，带动地区绿色经济发展。

（六）通过生态产品价值转化，实现生态保护与经济发展并举

优良的生态环境是最大的优势，也是最基本的保障。《长三角区域生态环境保护协作 2024 年工作重点》提出要共同夯实区域生态基底，开展示范区生态产品价值核算，加强区域环境协同治理，推进区域绿色低碳发展。江苏省作为示范区建设的参与者，既要突出生态优先，还要探索可持续的生态产品价值实现路径，使用经济手段来保护生态环境，通过生态产品价值实现促进"两山"转化。江苏省应该依托当地金融机构集聚的优势，发掘绿色金融在生态产品价值实现中的催化作用，最终把生态优势、资源优势转化为竞争优势、产业优势，实现经济效益、社会效益与生态效益共赢。

第四节　安徽绿色金融发展

安徽省始终高度重视绿色金融发展工作，不断完善绿色金融政策框架。"实施金融助力绿色低碳发展工程"已被列为安徽省"十四五"

金融业发展规划的重要内容。

一、安徽绿色金融发展现状

近年来，安徽省发改委、生态环境厅、地方金融监督管理局，中国人民银行安徽省分行、国家金融监督管理总局安徽监管局等部门先后印发了《关于进一步加强绿色金融发展　助力碳达峰碳中和的通知》《关于推进安徽辖内金融机构环境信息披露试点的意见》等政策措施，推动辖内 118 家试点金融机构完成信息披露报告编制，鼓励辖内金融机构不断创新绿色金融机制与产品。目前，安徽省绿色金融发展主要取得以下成效：

（一）绿色理念制度化持续推进，绿色金融服务机制有效运行

一是公布实施《安徽省绿色金融体系实施方案》。根据中国人民银行等七部门出台的《关于构建绿色金融体系的指导意见》，人民银行合肥中心支行会同省政府金融办联合省财政厅等部门，制定了《安徽省绿色金融体系实施方案》，旨在通过构建全省绿色金融体系，有效发挥金融配置社会资源的重要作用，推动全省工业机构调整和转型升级。

二是成立绿色金融工作组织领导小组，系统集成推进绿色金融改革。安徽省相关部门先后印发以支持绿色低碳等为主要内容的金融改革措施 22 条和做好全省金融改革创新第二阶段工作的通知，推动辖内金融机构不断创新绿色金融机制产品；成立绿色金融工作项目专班，确定 6 家基础较好的银行作为绿色金融重点推进银行；省发改委、生态环境厅等部门建立绿色低碳项目库、绿色债券发行主体储备

库、发债企业服务平台以及"两高"项目联动机制，指导金融机构加强绿色低碳产融对接。

三是积极开展国家气候投融资试点工作。滁州作为首批全国气候投融资试点城市，先后出台了《安徽省滁州市气候投融资试点工作方案》《安徽省滁州市气候投融资试点实施方案》《滁州市公益碳汇林建设试点工作方案》《滁州市林业碳汇计量监测技术规程》《滁州市林业碳票减排量计算方法》等地方规范性文件，为绿色投融资实践提供了强有力的操作指引。

（二）积极探索多元化绿色金融工具，绿色信贷、绿色债券等发展活跃

安徽充分结合自身自然生态资源禀赋特点，突出各地绿色发展重点方向与领域，市场各方主体积极参与，涌现出"滁易贷""碳票生态贷""碳中和挂钩贷款""光伏项目发电端、用电端碳减排双挂钩贷款""绿色供应链贷款"等绿色信贷创新产品。据统计，截至2023年末，安徽省绿色贷款余额9155.02亿元，同比增长47.17%，高出全国绿色贷款平均增速10.7个百分点；绿色贷款余额占各项贷款比重11.74%，较上年末提高2.5个百分点。

激活生态资源市场价值。安徽是生态资源大省，在"碳排放权交易"机制下，碳汇由一种隐形的生态利益成为一类可交易的市场资产，碳汇等生态资源价值得以有效激活。2022年8月，安徽省池州市实现了全国首笔绿色碳汇跨国变现，首笔交易为相关企业带来了50万美元碳汇收入。同时，宣城、黄山等地均已积极投身林业碳汇项目开发。

灵活应用绿色保险生态补偿与风险防范机制。2023年6月，新安江流域首批环境污染责任险成功签约，有效提升了新安江流域突发环境污染应急处置能力，切实筑牢长三角生态屏障。此外，积极构建林业保险产品体系，探索开展"政策性保险＋商业性保险"操作模式，在政策补贴的公益林、商品林保险基础上，创新开展了林业碳汇等商业性林木保险，为生态企业面临的灾害损失提供市场化补偿机制。

（三）"政—校—金—企"内引外联，打造集成化绿色金融支持平台

积极发挥碳中和智慧评估与政策协同创新实验室综合平台功能。该实验室由安徽大学发起设立，以碳核算与风险评估、绿色金融数字化转型、绿色财政数智化决策、重点产业园区碳中和政策耦合仿真四个子方向为主要内容，已形成一套完善的碳中和目标下的产业投融资配套政策体系，以期通过建立"有为政府与有效市场相结合"的财政金融协同模式，全面推进安徽省域碳达峰与碳中和目标实现。探索打造气候投融资支持平台。

2023 年 5 月，滁州市气候投融资支持平台正式上线运行，该平台基于滁州市信用金融综合服务平台，整合平台已归集数据资源、气候投融资相关信息，形成气候信用信息共享服务体系，为气候投融资供需双方提供环境信用信息整合、银企线上对接撮合、气候友好型项目入库、气候投融资信息线上披露、政策智能匹配等功能。截至 2023 年 9 月，该平台已入驻气候信贷金融机构 30 家、担保公司 10 家，上线发布 20 项气候信贷产品，入库重点绿色项目 265 个。其中，减缓型项目 234 个，总投资 6438 亿元；适应型项目 31 个，总投资 547 亿元。

此外，中国人民银行安徽省分行与安徽省发改委、生态环境厅等先后建立了绿色低碳项目库、绿色债券发行主体储备库、发债企业服务平台、"两高"企业联动机制等信息平台，有力支持辖内市场主体绿色低碳产融高效对接。

二、安徽绿色金融发展优势与挑战

（一）安徽绿色金融发展的优势

1. 绿色金融推动工作开展范围较广

成立了专门的绿色金融领导小组，将绿色金融纳入重点工作事项和全省金融改革框架。中国人民银行合肥中心支行加强工作调度，先后印发以支持绿色低碳等为主要内容的金融改革措施22条和做好全省金融改革创新第二阶段工作的通知，推动辖内金融机构不断创新绿色金融机制产品，形成示范效应。同时成立绿色金融工作项目专班，确定6家基础较好的银行作为绿色金融重点推进银行。

2. 创新绿色金融产品与模式，产品体系逐渐丰富

安徽省推动金融机构积极开展绿色金融产品与模式创新，不断拓展绿色金融支持领域，积极探索绿色融资新模式。推动省开行、省农发行与省生态环境厅、省发展改革委联合发布《关于开展省级生态环境导向的开发（EOD）模式工作的通知》，形成合力推动实现生态环境资源化、产业发展绿色化。积极推动金融机构依托碳账户创新绿色金融产品，在准入门槛、审批程序、信贷流程、贷款定价等方面向绿色低碳领域倾斜，陆续涌现光伏项目发电端、用电端碳减排"双挂钩"贷款、秸秆产业绿色供应链金融、碳排放权质押贷款、固废危废

处理行业可持续发展挂钩贷款等金融产品，有效推动全省绿色金融业务增量扩面。

同时，安徽省"十三五"金融业发展规划中明确提出大力发展绿色科技金融。支持银行完善绿色信贷流程，创新机制，丰富绿色金融产品，将绿色金融作为助力安徽省金融业高质量发展的重要工具，同时，突出科技金融的作用，支持银行建立科技金融专营机构，在科技型企业密集地区设立科技支行、科技金融事业部等。

（二）安徽绿色金融发展的挑战

1. 绿色金融整体发展水平相对较低

根据本书第二章长三角绿色金融发展竞争力评估结果，安徽省整体的绿色金融发展水平相对较低。在财政支出预算方面，节能环保支出预算占比也要高于其他省市，说明安徽省有更多的财政预算需要用于环境治理与生态保护。并且相比长三角其他省市，安徽省总体的经济总量较小，产业转型压力较大。

2. 绿色金融工具应用与创新有待多元化协调发展

绿色直接投融资占比较低。近年来，虽然绿色债券发展相对活跃，但占比较低。安徽省绿色投融资仍以间接融资（如绿色信贷）方式为主，绿色债券、绿色基金、绿色股票等直接投融资业务发展潜力尚未充分释放。绿色金融业务服务创新节奏较慢。目前，安徽省绿色金融市场面临着供需不匹配问题，主要表现为市场投融资需求与绿色金融供给之间的矛盾，如由于科技发展的日新月异，低碳绿色保险标的呈现多样化快速发展，而绿色保险服务更迭创新较慢，市场主体对绿色保险的需求难以得到有效满足。

3. 绿色金融基础设施支持平台有待整合优化

信息共享有助于金融机构加快产品和服务创新，提升绿色金融供给数量和质量，满足绿色产业企业的信贷、融资、担保等综合金融服务需求。目前，安徽省多地已打造多个绿色金融业务相关支持平台，但地域化特征明显，规模化效应并未显现。此外，针对市场主体面临的环境效应监测、碳核算等共性问题，尚缺少相应省级层面支持平台与机制。

4. 绿色金融跨区域合作有待深入强化

安徽省参与全国性绿色金融相关政策与标准体系建设的深度不够，以安徽省为主导的长三角绿色金融交流与合作机制尚处空缺，绿色金融业务以省内市场主体参与为主，绿色金融跨区域合作有待加强。此外，长三角三省一市在绿色金融相关信息披露进程、标准、主体等方面尚有差异，缺乏跨区域政策统筹协调。

三、安徽绿色金融发展对策建议

（一）系统推进绿色金融政策体系建设

健全法律规范。近年来，深圳、湖州等地先后颁布了有关绿色金融地方性法规，安徽应紧贴本省绿色金融发展阶段，结合市场实际需求，适时制定地方性法规以促进绿色金融高质量发展。完善政策保障。充分发挥政府投资引导作用，严控高碳项目投资，激发市场主体绿色低碳投资活力。用足用好碳减排方面的金融支持政策，引导金融机构对符合条件的项目提供融资支持。优化监管机制。打造"纵向监管，横向监督"式多层级监管网络。政府牵头成立绿色金融监管协调机制，梳理统筹省域内各部门、各地市绿色金融相关制度和政策。建立政府主导、多方参与的联合协作体系，设计科学合理的绿色金融监管程序，进一步发挥社会监督作用，构建有效沟通机制，提升社会监督实效。

（二）遵循"思想—主线—创新"逻辑脉络推进绿色金融服务实践与创新

贯彻一个核心思想。始终以习近平生态文明思想为指导，围绕"双碳"目标和经济社会高质量发展，研究制定绿色金融发展规划。明确两条基本主线。一方面，不断优化绿色间接融资制度环境。制定绿色企业、绿色项目和绿色金融产品认定标准，逐步提升绿色间接融资市场化程度。建立绿色信用评价体系，以提供环保信用信息。加强环保风险分析和评估，健全绿色金融风险管理体系。另一方面，充分释放绿色直接投融资发展潜力。加大绿色直接投融资支持力度，提高绿色直接投融资的供给能力和服务质量，积极采用 PPP 模式吸纳民间资本支持绿色发展。不断完善激励机制，有序引导各类市场主体参与绿色债券、绿色基金和绿色股票等绿色直接投融资业务。探索三个层面创新。在体系创新上，构建绿色金融全面管理体系，实施差异化管理策略，形成涵盖授权、考核激励、人才培养、风险防控、环境压力测试、金融科技支持等方面的管理体系。在产品创新上，结合绿色产业特点，创新基于环境权益特色化绿色金融产品，解决绿色投融资过程中面临的期限错配、信息不对称、抵质押物不足等问题。在技术创新上，采用数字技术，建立绿色标签知识图谱、绿色深度识别模型、绿色风险防控模型，构建绿色资产管理系统、环境风险监测预警系统、碳足迹监测统计系统等，实现绿色业务数据和资源的有效采集与共享。

（三）夯实绿色金融基础设施平台建设

在长三角层面，应与上海环境能源交易所、江苏省碳排放权交易中心等绿色金融交易平台形成常态化交流合作机制，参与制定跨区域碳排放权交易和碳资产管理相关政策标准。在省域层面，整合优化安徽各地现有绿色金融相关支持平台。具体来说，滁州市气候投融资支持平台、林权与碳汇交易平台（合肥）以及合肥科创金融综合服务平台等可以与碳中和智慧评估与政策协同创新实验室有效对接，形成省级绿色金融综合服务平台，在更高层次上、更广范围内高效发挥集成化、规模化效应。

（四）打造长三角绿色金融发展共同体

人才共通是核心。建立人才共享平台，聚集碳核算、低碳技术等紧缺型绿色专家，交流共享研究成果，协同推进成果转化。丰富人才激励机制，吸引更多专业人才投身绿色金融领域，推动形成长三角绿色金融人才一体化。资源共享是关键。充分依托上海国际金融中心辐射力，引入多元化绿色金融市场参与主体，丰富各类绿色资金来源，促进安徽绿色金融市场纵深发展，推动实现长三角绿色金融资源一体化。模式共用是基础。将长三角优秀案例推广成安徽惯例，丰富安徽现有绿色投融资模式与机制，积极引入"两山货""两山兑"和"两山贷"等业务模式至安徽绿色金融实践，推动构建长三角绿色金融模式一体化。

第五节　长三角绿色金融发展

　　根据对长三角地区绿色金融发展的分析，为更快实现更好服务长三角一体化发展的国家战略，本节提出以下几方面对策建议：一是优化顶层设计，打破行政壁垒，实现"共商共建共管共享"；二是拓展碳账户的应用场景，在长三角地区构建区域碳账户体系；三是基于碳排放双控的需要，开展有针对性的绿色金融基础设施建设；四是大力发展转型金融支持低碳转型，探索转型金融与绿色金融有序有效衔接；五是整合现有力量，实现长三角绿色金融的组团式发展。

一、长三角绿色金融发展优势与挑战

（一）长三角绿色金融发展的优势

1. 绿色金融标准体系建设取得积极进展

　　浙江在省市层面率先开展标准化探索，通过建立绿色金融规范标准，引导绿色金融有序发展。例如湖州市政府围绕金融支持碳减排，发布全国首个《区域性"碳中和"银行建设指南》，明确了"碳中和"银行和网点建设规范；衢州市建立了农业碳数据采集、工业碳账户核算、个人碳行为评价等系列标准。目前，湖州、衢州已在全国率先发布绿色企业、绿色银行认定评价等地方技术规范10余项，初步形成地方统一、有公信力、可操作性强的绿色金融规范体系。同时，浙江积极推动省级绿色金融团体标准建设，2021年发布《绿色低碳融资项目评价规范（征求意见稿）》，构建了一套可操作、可执行、可追溯的省级绿色低碳项目评价指标体系。

2. 金融机构绿色金融业务发展迅速

根据《长三角银行业绿色金融可持续发展报告（2024）》显示，在长三角区域，93%的银行已制定绿色金融战略规划，82%设有专门的绿色金融委员会或部门，85%制定监督检查及奖惩机制，确保绿色金融发展质量；在绿色金融产品和服务方面，94%的银行已开展绿色信贷业务，绿色普惠金融和绿色科技金融业务也分别有85%和64%的银行参与，还有20%和10%的银行分别开始探索绿色债券和碳金融业务，气候投融资和生物多样性保护领域的金融业务也已实现"零的突破"。

（二）长三角绿色金融发展的挑战

1. 缺乏统一的绿色金融标准体系

目前，长三角地区尚未建立统一的绿色金融标准化机构与认证体系，各个地区之间所推行的制度和政策均存在差异。此外，长三角地区对绿色金融工作的针对性和聚焦度不足，尽管各地区的政府有尝试增强绿色金融领域之间的合作交流，但受限于各地区实际情况的不同、绿色金融标准的不一致，使得各方之间沟通与协作之间存在障碍，长此以往不利于长三角绿色金融一体化发展的整体性、系统性及前瞻性。

2. 缺乏有效的跨区域信息共享机制

虽然长三角绿色金融信息共享机制初见雏形，但当前区域间数据流通性较弱，信息同步率较低，不同地区的企业、政府、金融机构三者之间存在较大的信息不对称，造成较高的金融成本。因此，有效数据与资源的流通性不足，难以使长三角层面的绿色金融信息实现无差别化。

3. 绿色金融产品和服务覆盖对象范围有限

长三角地区目前主流的绿色融资产品服务主要面向企业，而针对个人、家庭的绿色金融产品非常少，从而导致了绿色金融产品难以渗透到社会各个领域，影响力受限。此外，绿色金融产品的激励政策主要倾向于支持信用评级较高、规模较大、技术相对成熟的绿色产业项目，创新型的绿色中小产业项目难以获得政策激励，这种不均衡的融资资源配置在很大程度上约束了中小企业的融资行为，进一步加剧了中小环保企业融资难问题。

二、长三角绿色金融发展对策建议

根据本书对三省一市绿色金融发展评价得分及简要分析，为更快实现更好服务长三角一体化发展的国家战略，可从以下几个方面加强完善绿色金融发展：

第一，优化顶层设计，打破行政壁垒，实现"共商共建共管共享"，推动绿色金融规划与国家规划纲要的融合提升。长三角一体化发展的关键是协同。为更好地促进长三角生态绿色一体化发展示范区的建设并发挥其先行示范效应，各级政府单位之间应首先建立起有效的、常态化的信息沟通和工作协调机制，明确跨区域问题协调重点事项和责任分工；梳理排摸突出问题清单，明确阶段性主攻方向和突破口，细化任务，形成重点项目化推进机制；同时，建立覆盖整个长三角地区的数据信息共享机制。推动区域统一标准制定的相关部门间合作。充分发挥长三角地区产业基础雄厚、知名高校集聚、科技创新平台众多的区位优势，充分发挥行业协会、企业、科研机构、高校等各方面力量，深化产学研合作，加快推进长三角生态绿色一体化发展示范区建设，协同推进区域绿色发展。可以参照 2020 年 8 月成立的长三角绿色发展专业委员会，在长三角生态绿色一体化发展示范区内成立绿色发展咨询委员会，汇集产学研多方力量。根据已发布的《长江三角洲区域一体化发展规划纲要》，编制长三角地区绿色金融、环境保护等领域的专项规划，以长三角生态绿色一体化发展示范区建设为机遇，将绿色金融撬动"绿色产业"的发展作为目标，将产业、交通、科技创新、公共服务等领域的专项规划有机融入绿色金融理念，形成贯穿一体化规划体系的方案，强化区域绿色金融发展与国家发展布局的对接与联系。

第二，拓展碳账户的应用场景，在长三角地区构建区域碳账户体系，助力实现"双碳"目标。在"双碳"背景下，为使全社会达成低碳发展的共识，不仅要在企业层面下功夫，还要着力从个人消费端推动减排。当前，多地政府、企业尝试通过碳积分形式建立针对个人的碳账户体系，涉及居民生活的绿色出行、垃圾分类、绿色消费等多个领域。长三角三省一市有条件也有能力探索构建区域碳账户体系，共同拓展碳账户的应用场景和激励方式，运用市场机制和经济手段，对公众绿色低碳行为进行普惠性质奖励，以最大程度激发起全社会参与节能减排的积极性。可以借鉴浙江省衢州市个人碳账户系统平台建设工作的经验，推动相关数据和积分在银行机构与政府部门之间实现共享。截至目前，衢州市已经制定出台了《衢州市碳账户应用场景建设方案》等标准体系，对各类社会主体碳行为进行智能监测和动态核算，形成"碳画像""碳信用""碳资产"，构建了"降碳、减污、扩绿、增长"发展格局。建成个人碳账户约 218 万户。

第三，基于碳排放双控的需要，开展有针对性的绿色金融基础设施建设。三省一市政府协同调整相关的绿色金融体系标准，各级单位可以根据《绿色产业指导目录》确定绿色金融支持的行业范围，加快制定和实施绿色产品、绿色企业的标准和标识等。结合浙江、江苏、安徽的绿色项目库建设，制定区域绿色项目定义标准和项目库。搭建绿色金融科技综合服务平台，推动信息交流和资源共享，利用金融云、金融大数据、金融区块链等科技手段，对接绿色金融市场各方的需求，提高资金配置效率，降低交易成本。

第四，大力发展转型金融支持低碳转型，探索转型金融与绿色金融有序有效衔接。转型金融是绿色金融的有效补充，绿色金融侧重于对"纯绿"的企业与项目的支持，而转型金融倡导关注高污染、高能耗、高碳行业的融资需求，为碳密集行业的低碳转型提供了投融资支持。在"双碳"目标的推动下，转型金融支持的是一个"通向绿色"的转型过程，某一经济活动或主体的行为当前阶段可以是"非绿色"，但随着时间的推移逐步转变为"绿色"。建议加强长三角三省一市在转型金融领域相关政策措施、法律法规、标准文件的制定和执行，为转型金融提供法律保障和标准指导。充分发挥上海作为国际金融中心以及国际绿色金融枢纽的影响力和引领力，推动长三角地区乃至全国转型金融标准体系建设。制定和完善转型金融激励约束机制，鼓励各类主体积极参与转型金融体系建设。建立和完善转型金融服务平台，构建长三角地区转型金融项目库平台、产融对接平台、产学研合作平台等专业服务平台。构建多层次的转型金融市场体系，结合长三角一体化战略，建立长三角转型金融产品交易市场。

第五，整合现有试验区和示范区，形成合力，实现长三角绿色金融的组团式发展。长三角一体化发展的重要任务，是要在严格保护生态环境的前提下，率先探索将生态优势转化为经济社会发展优势，推动区域经济向绿色化转型。而利用绿色金融推动绿色发展，促进区域生态绿色一体化发展，是当前最有效的手段之一。长三角地区的绿色发展理念较强，经济发展动力稳定，有国家首批绿色金融改革创新试验区，同时正在申报国家首批绿色金融改革创新示范区。可以整合相关力量，形成长三角绿色金融发展合力，将不仅有助于加快地方经济向绿色化转型，助推长江经济带和长三角地区绿色发展，创造新的经济增长点，支持生态文明建设，又能抑制高耗能、高污染投资，促进产业转型升级；同时，还能推动解决地方、企业环保投入融资难融资贵的问题，又能帮助金融机构有效规避由环保因素引发的市场和金融风险。

参考文献

1. 柏建成、张利霞、严翔、邹晨：《长江经济带绿色金融发展的空间关联结构及驱动因素研究》，《管理评论》2024 年第 4 期。

2. 暴翔宇、蒋智昊、赵婕：《长三角绿色金融一体化协同创新机制研究》，《商展经济》2024 年第 1 期。

3. 蔡强、王旭旭：《空间视角下绿色金融对经济高质量发展的影响》，《江汉论坛》2022 年第 6 期。

4. 曹丽斌、李明煜、张立、蔡博峰：《长三角城市群 CO_2 排放达峰影响研究》，《环境工程》2020 年第 11 期。

5. 曹颖、王金南、曹国志、曹东：《中国在全球环境绩效指数排名中持续偏后的原因分析》，《环境污染与防治》2010 年第 12 期。

6. 陈诗一、陈登科：《中国资源配置效率动态演化——纳入能源要素的新视角》，《中国社会科学》2017 年第 4 期。

7. 陈诗一、郭俊杰：《新冠肺炎疫情的经济影响分析：长期视角与短期应对》，《经济理论与经济管理》2020 年第 8 期。

8. 陈诗一、黄明、宾晖：《"双碳"目标下全国碳交易市场持续发展的制度优化》，《财经智库》2021 年第 4 期。

9. 陈诗一、林伯强：《中国能源环境与气候变化经济学研究现状及展望——首届中国能源环境与气候变化经济学者论坛综述》，《经济研究》2019 年第 7 期。

10. 陈诗一：《绿色金融助力长三角一体化发展》，《环境经济研究》2019 年第 1 期。

11. 陈雨露：《当前全球中央银行研究的若干重点问题》，《金融研究》2020 年第 2 期。

12. 丁杰：《绿色信贷政策、信贷资源配置与企业策略性反应》，《经济评论》2019 年第 4 期。

13. 丁瑶瑶：《专访复旦大学绿色金融研究中心副主任李志青　推动环境信息披露要充分发挥市场力量》，《环境经济》2019 年第 2 期。

14. 方琦、钱立华、鲁政委：《金融支持"双碳"目标的新趋势——2023 年绿色金融趋势展望》，《金融与经济》2023 年第 1 期。

15. 房爽、季宇：《金融科技赋能绿色金融发展的影响研究》，《对外经贸》2024 年第 6 期。

16. 付允、刘怡君、汪云林：《低碳城市的评价方法与支撑体系研究》，《中国人口资源与环境》2010 年第 8 期。

17. 高波：《推动转型金融在我国实施有必要性》，《清华金融评论》2021 年第 11 期。

18. 葛晓伟：《金融机构参与气候投融资业务的实践困境与出路》，《西南金融》2021 年第 6 期。

19. 郭晔、房芳：《新型货币政策担保品框架的绿色效应》，《金融研究》2021 年第 1 期。

20. 韩立岩、蔡立新、尹力博：《中国证券市场的绿色激励：一个四因素模型》，《金融研究》2017 年第 1 期。

21. 韩圆：《绿色金融对区域经济高质量发展的影响分析》，《商展经济》2024 年第 4 期。

22. 和秀星：《实施"绿色金融政策"是金融业面向 21 世纪的战略选择》，《南京金专学报》1998 年第 4 期。

23. 侯芹芹、崔新悦、宋子立、张文谱、史佳丽、常腾飞、康婕西：《"碳达峰"背景下的"碳中和"措施研究分析》，《当代化工》2021 年第 11 期。

24. 胡鞍钢、周绍杰：《绿色发展：功能界定、机制分析与发展战略》，《中国人口·资源与环境》2014 年第 1 期。

25. 胡鞍钢：《中国实现 2030 年前碳达峰目标及主要途径》，《北京工业大学学报》(社会科学版) 2021 年第 3 期。

26. 胡初枝、黄贤金、钟太洋：《中国碳排放特征及其动态演进分析》，《中国人口·资源与环境》2008 年第 3 期。

27. 胡素琴：《高质量发展背景下绿色金融发展现状及政策建议——以长三角区域为例》，《河北金融》2022 年第 4 期。

28. 黄晶、孙新章、张贤：《中国碳中和技术体系的构建与展望》，《中国人口·资源与环境》2021 年第 9 期。

29. 黄茂兴、叶琪：《马克思主义绿色发展观与当代中国的绿色发展——兼评环境与发展不相容论》，《经济研究》2017 年第 6 期。

30. 黄溶冰、赵谦：《自然资源核算——从账户到资产负债表：演进与启示》，《财经理论与实践》2015 年第 1 期。

31. 黄跃、李琳：《中国城市群绿色发展水平综合测度与时空演化》，《地理研究》2017 年第 7 期。

32. 黄志斌、姚灿、王新：《绿色发展理论基本概念及其相互关系辨析》，《自然辩证法研究》2015 年第 8 期。

33. 姜克隽、胡秀莲、庄幸、刘强：《中国 2050 年低碳情景和低碳发展之路》，《中外能源》2009 年第 6 期。

34. 姜晓群、周泽宇、林哲艳、代兴良、谭灵芝：《"后巴黎"时代气候适应国际合作进展与展望》，《气候变化研究进展》2021 年第 4 期。

35. 蒋惠琴、张迎迎、余昭航、陈锋、黄炜：《"个人碳账户"政策能否减少城市居民生活用电碳排放？——基于浙江衢州的实证研究》，《城市发展研究》2024 年第 1 期。

36. 蒋巍：《支持长三角作为绿色金融创新试点地区》，《前进论坛》2024 年第 3 期。

37. 蒋选：《绿色金融与区域经济发展的关系研究》，《中国商论》2023 年第 20 期。

38. 孔莉、彭宇亭、李想成真：《"双碳"背景下中国绿色金融政策协同有效性研究——基于多维文本量化分析》，《技术经济与管理研究》2024 年第 6 期。

39. 蓝天：《绿色转型风险、金融摩擦与最优政策选择》，《南方金融》2022 年第 4 期。

40. 李超骐、田莉：《基于 PSR 模型的低碳城市评估指标体系研究》，《城市建筑》2018 年第 12 期。

41. 李海棠、周冯琦、尚勇敏：《碳达峰、碳中和视角下上海绿色金融发展存在的问题及对策建议》，《上海经济》2021 年第 6 期。

42. 李金昌、史龙梅、徐蔼婷：《高质量发展评价指标体系探讨》，《统计研究》2019 年第 1 期。

43. 李君：《"双碳"目标下商业银行发展转型金融的对策》，《产业创新研究》2024 年第 11 期。

44. 李唐蓉、林辉：《区域绿色金融、空间溢出与经济高质量发展》，《经济问题探索》2023 年第 4 期。

45. 李晓西、刘一萌、宋涛：《人类绿色发展指数的测算》，《中国社会科学》2014 年第 6 期。

46. 李岩柏、郭瑞敏：《国际转型金融发展对我国的启示》，《河北金融》2022 年第 6 期。

47. 李志青、刘瀚斌：《长三角绿色发展区域合作：理论与实践》，《企业经济》2020 年第 8 期。

48. 李志青、胡时霖、刘瀚斌：《长三角生态绿色一体化发展示范区绿色发展现状评估》，《科技导报》2021 年第 24 期。

49. 李志青：《实现碳减排与碳中和投资的供需平衡》，《可持续发展经济导刊》2021 年第 12 期。

50. 厉以宁、朱善利、罗来军、杨德平：《低碳发展作为宏观经济目标的理论探讨——基于中国情形》，《管理世界》2017 年第 6 期。

51. 连玉明：《城市价值与低碳城市评价指标体系》，《城市问题》2012 年第 1 期。

52. 廖美盈：《绿色金融助力浙江省经济高质量发展研究》，《产业创新研究》2024 年第 11 期。

53. 林伯强、刘希颖：《中国城市化阶段的碳排放：影响因素和减排策略》，《经济研究》2010 年第 8 期。

54. 刘柏麟、李琳琳：《气候变化风险视角下转型金融的国际实践及经验借鉴》，《金融发展评论》2022 年第 3 期。

55. 刘彬：《中国实现碳达峰和碳中和目标的基础、挑战和政策路径》,《价格月刊》2021 年第 11 期。

56. 刘凡:《绿色标准体系建设助力绿色金融高质量发展》,《债券》2024 年第 6 期。

57. 刘景允、仲昭一、陈金龙等:《债券市场支持高碳行业低碳转型的实践与建议》,《债券》2022 年第 9 期。

58. 刘骏、胡剑波、袁静:《欠发达地区低碳城市建设水平评估指标体系研究》,《科技进步与对策》2015 年第 7 期。

59. 刘侃:《中国 2060 年碳中和目标及其落实路径研究》,《生态经济》2021 年第 11 期。

60. 刘社芳、种高雅:《我国绿色金融改革创新试验区实践进展及启示》,《西部金融》2021 年第 5 期。

61. 刘玚、裴媛:《绿色金融在金融中心城市金融竞争力中的作用》,《银行家》2018 年第 12 期。

62. 刘翌、汤维祺、鲁政委:《"绿色企业"评价体系:国际经验与中国实践》,《金融发展评论》2017 年第 9 期。

63. 刘宇、蔡松锋、王毅、陈宇峰:《分省与区域碳市场的比较分析——基于中国多区域一般均衡模型 TermCo2》,《财贸经济》2013 年第 11 期。

64. 刘宇、肖宏伟、吕郢康:《多种税收返还模式下碳税对中国的经济影响——基于动态 CGE 模型》,《财经研究》2015 年第 1 期。

65. 卢冰雪、郭战琴:《绿色金融对企业绿色创新绩效的影响——基于风险承担视角》,《科技和产业》2024 年第 12 期。

66. 鲁政委、方琦:《上海亟待推进国际绿色金融中心建设》,《中国金融》2020 年第 5 期。

67. 陆岷峰：《"双碳"目标下商业银行发展转型金融的策略研究》，《广西社会科学》2022 年第 8 期。

68. 马骏、程琳、沙孟维：《〈G20 可持续金融路线图〉如何影响全球可持续金融的走势》，《国际金融》2022 年第 2 期。

69. 马骏、程琳：《转型金融如何支持碳中和》，《中国银行业》2021 年第 9 期。

70. 马骏：《〈G20 转型金融框架〉及对中国的借鉴》，《中国金融》2022 年第 23 期。

71. 马骏：《碳中和与转型金融》，《新金融》2022 年第 9 期。

72. 马骏：《碳中和愿景下的绿色金融路线图》，《中国金融》2021 年第 20 期。

73. 马骏：《转型金融框架与市场实践》，《现代金融导刊》2022 年第 8 期。

74. 马宇、吴夏辉：《绿色金融发展对黄河流域生态环境的影响研究——基于 61 个城市的面板数据》，《山东工商学院学报》2024 年第 3 期。

75. 莫锋：《粤港澳大湾区绿色金融标准化体系建设的思路和路径》，《广东经济》2020 年第 10 期。

76. 欧阳志云、赵娟娟、桂振华：《中国城市的绿色发展评价》，《中国人口·资源与环境》2009 年第 5 期。

77. 潘政宇：《绿色金融对区域绿色经济发展的研究》，《农场经济管理》2024 年第 1 期。

78. 庞加兰、王薇、袁翠翠：《双碳目标下绿色金融的能源结构优化效应研究》，《金融经济学研究》2023 年第 1 期。

79. 祁毓、张靖妤：《生态治理与全球环境可持续性指标评述》，《国外社会科学》2015 年第 5 期。

80. 钱立华、方琦、鲁政委：《碳减排支持工具发展与融资》，《中国金融》2021 年第 18 期。

81. 邱琼：《绿色 GDP 核算研究综述》，《中国统计》2006 年第 9 期。

82. 邵帅、范美婷、杨莉莉：《经济结构调整、绿色技术进步与中国低碳转型发展——基于总体技术前沿和空间溢出效应视角的经验考察》，《管理世界》2022 年第 2 期。

83. 施懿宸：《构建可适用的转型金融体系》，《经济》2022 年第 3 期。

84. 史武广、金峥：《碳账户在绿色金融领域的应用场景分析》，《金融纵横》2023 年第 6 期。

85. 苏冬蔚、连莉莉：《绿色信贷是否影响重污染企业的投融资行为？》，《金融研究》2018 年第 12 期。

86. 宿辉、翟方茹：《绿色项目管理的保障机制与实现路径》，《项目管理评论》2021 年第 4 期。

87. 孙雪巍：《金融科技创新助力绿色金融发展思路探索》，《现代营销》2024 年第 6 期。

88. 孙雅雯、孙彦红：《欧盟可持续金融促进可持续转型的作用研究——机制、实践与前景》，《欧洲研究》2022 年第 3 期。

89. 陶成成：《安徽省地级市经济发展路径思考——基于碳排放脱钩的视角》，《重庆文理学院学报》（社会科学版）2016 年第 5 期。

90. 田瑾：《多指标综合评价分析方法综述》，《时代金融》2008

年第 2 期。

91. 田泽、张宏阳、纽文婕:《长江经济带碳排放峰值预测与减排策略》,《资源与产业》2021 年第 1 期。

92. 王博璐、陆文钦:《制定转型金融管理框架建议》,《中国金融》2021 年第 11 期。

93. 王灿、张雅欣:《碳中和愿景的实现路径与政策体系》,《中国环境管理》2020 年第 6 期。

94. 王丽娜:《绿色金融对长三角地区产业结构升级的效应分析》,《商场现代化》2023 年第 8 期。

95. 王玲玲、张艳国:《"绿色发展"内涵探微》,《社会主义研究》2012 年第 5 期。

96. 王韧:《"双碳"背景下我国转型金融的发展路径探究》,《理论学刊》2022 年第 4 期。

97. 王双:《双碳目标下我国转型金融发展路径的研究与思考》,《黑龙江金融》2022 年第 6 期。

98. 王遥、潘冬阳、彭俞超、梁希:《基于 DSGE 模型的绿色信贷激励政策研究》,《金融研究》2019 年第 11 期。

99. 王遥、任玉洁、金子曦:《推动"双碳"目标实现的转型金融发展建议》,《新金融》2022 年第 6 期。

100. 王遥、张广逍:《"双碳"愿景下的金融转型研究》,《环境保护》2021 年第 14 期。

101. 吴强、唐明知、肖丹然等:《转型金融国际比较及借鉴》,《金融会计》2022 年第 5 期。

102. 吴瑶、顾鹏:《"30·60"目标背景下转型金融应用与实践》,《金融市场研究》2021 年第 7 期。

103. 吴优:《德国的环境经济核算》,《中国统计》2005 年第 6 期。

104. 徐政、左晟吉、丁守海:《碳达峰、碳中和赋能高质量发展:内在逻辑与实现路径》,《经济学家》2021 年第 11 期。

105. 杨放:《基于平衡计分卡的低碳政府评价体系构建》,《科学决策》2016 年第 3 期。

106. 杨宇:《多指标综合评价中赋权方法评析》,《统计与决策》2006 年第 13 期。

107. 益言:《国际转型金融标准现状及启示》,《中国货币市场》2022 年第 9 期。

108. 于丽英、冯之浚:《城市循环经济评价指标体系的设计》,《中国软科学》2005 年第 12 期。

109. 于永达、郭沛源:《金融业促进可持续发展的研究与实践》,《环境保护》2003 年第 12 期。

110. 张晖、吴瑞:《绿色金融支持"双碳"目标机制与路径研究》,《合作经济与科技》2024 年第 16 期。

111. 张丽宏、刘敬哲、王浩:《绿色溢价是否存在？——来自中国绿色债券市场的证据》,《经济学报》2021 年第 2 期。

112. 张美欣:《绿色金融驱动经济高质量发展实现路径研究》,《商场现代化》2024 年第 13 期。

113. 张小可:《金融科技赋能绿色金融发展》,《中国金融》2024 年第 6 期。

114. 郑红霞、王毅、黄宝荣:《绿色发展评价指标体系研究综述》,《工业技术经济》2013 年第 2 期。

115. 支海波、乔昆、苏青:《关于绿色项目管理评价框架的研究》,《科技导报》2004 年第 11 期。

116. 中国人民银行杭州中心支行课题组、陆巍峰:《长三角绿色金融一体化发展现状、问题和建议》,《浙江金融》2022 年第 2 期。

117. 种高雅:《转型金融的界定、原则框架与特征——基于文献综述的视角》,《西部金融》2021 年第 9 期。

118. 朱广娇:《把握"双碳"目标下的发展机遇上海加快打造国际绿色枢纽——访上海财经大学上海国际金融中心研究院荣誉院长赵晓菊》,《金融博览》2022 年第 3 期。

119. 朱婧、刘学敏、姚娜:《低碳城市评价指标体系研究进展》,《经济研究参考》2013 年第 14 期。

120. 朱民、亓艳、宗喆:《构建全球领先的碳中和转型金融（上）》,《中国金融》2021 年第 24 期。

121. 朱民、亓艳、宗喆:《构建全球领先的碳中和转型金融（下）》,《中国金融》2022 年第 2 期。

122. 庄贵阳、潘家华、朱守先:《低碳经济的内涵及综合评价指标体系构建》,《经济学动态》2011 年第 1 期。

123. A.Y. Hoekstra, "Human Appropriation of Natural Capital: A Comparison of Ecological Footprint and Water Footprint Analysis", *Ecological Economics*, Vol.68, No.7, 2009.

124. Yuqiu Du and Wendi Wang, "The role of green financing, agriculture development, geopolitical risk, and natural resource on environmental pollution in China", *Resources Policy*, Vol.82, 2023.

125. Qiu-tong Guo, Yong Dong, Biao Feng and Hao Zhang, "Can green finance development promote total-factor energy efficiency? Empirical evidence from China based on a spatial Durbin model", *Energy Policy*, Vol.177, 2023.

126. Yongming Huang, Chen Chen, Lijun Lei and Yaping Zhang, "Impacts of green finance on green innovation: A spatial and nonlinear perspective", *Journal of Cleaner Production*, Vol.365, 2022.

127. Chien-Chiang Lee, Fuhao Wang and Yu-Fang Chang, "Does green finance promote renewable energy? Evidence from China", *Resources Policy*, Vol.82, 2023.

128. Chenggang Li and Yong Gan, "The spatial spillover effects of green finance on ecological environment—empirical research based on spatial econometric model", *Environmental Science and Pollution Research*, Vol.28, 2021.

129. Xuedi Ren, Qinglong Shao and Ruoyu Zhong, "Nexus between green finance, non-fossil energy use, and carbon intensity: Empirical evidence from China based on a vector error correction model", *Journal of cleaner production*, Vol.277, 2020.

130. Malin Song, Qianjiao Xie and Zhiyang Shen, "Impact of green credit on high-efficiency utilization of energy in China considering environmental constraints", *Energy Policy*, Vol.153, 2021.

131. Haiyan Sun and Fushan Chen, "The impact of green finance on China's regional energy consumption structure based on system

GMM", *Resources Policy*, Vol.76, 2022.

132. Xiujie Tan, Ziwei Xiao, Yishuang Liu, Farhad Taghizadeh-Hesary, Banban Wang and Hanmin Dong, "The effect of green credit policy on energy efficiency: Evidence from China", *Technological Forecasting and Social Change*, Vol.183, 2022.

133. Yuanyuan Wan, Ni Sheng, Xinyang Wei and Haiyang Su, "Study on the spatial spillover effect and path mechanism of green finance development on China's energy structure transformation", *Journal of Cleaner Production*, Vol.415, 2023.

后　记

　　为贯彻落实习近平总书记关于推动长江经济带高质量发展的重要指示批示精神，加大金融支持长江经济带绿色低碳高质量发展力度，2024 年 8 月，中国人民银行等 8 部门联合发布了《关于进一步做好金融支持长江经济带绿色低碳高质量发展的指导意见》(以下简称《指导意见》)。《指导意见》首次明确了金融支持长江经济带绿色低碳发展的总体要求、重点任务和保障措施，这无疑是金融领域发出的对包括长三角在内长江经济带区域的绿色低碳发展开展全面支持的"冲锋号"。

　　当前，长三角绿色低碳转型正处于关键窗口期，尽管区域绿色金融竞争力呈现整体提升态势，但空间差异依然显著。但在未来，随着绿色金融区域中心辐射范围扩大，长三角地区绿色金融将进一步协调发展。

　　绿色金融和绿色发展的相关性非常紧密，长三角地区城市的绿色高质量发展可以反作用于绿色金融发展，能够显著提升绿色金融竞争力。城市的经济增长水平、环境质量以及自然禀赋均对其绿色金融竞争力存在显著正向影响，支持了各城市在追求经济效益的同时积极投身于环境保护的战略方向，继而对经济的可持续发展提供助力。

　　从实践层面看，长三角地区需要重点突破三个机制建设：其一，建立跨区域的绿色金融标准互认机制，在绿色项目认定、环境信息披露、碳核算方法等领域形成统一规范；其二，强化绿色金融风险评估和防控机制，完善绿色金融统计和评价机制，适时开展压力测试，提升气候和环境风险识别、监测和防控水平；其三，创新绿色金融监管协同机制，探索适应跨区域、跨行业、跨市场金融监管合作，防范风险跨区域、跨市场、跨境传递共振。

展望未来，长三角绿色金融发展预计将呈现三大趋势：一是从"各自为政"向"共商共建共管共享"演进，随着三省一市形成贯穿一体化规划体系的协作机制，将有力推动长三角绿色金融一体化发展；二是从"区域探索"向"标准输出"跨越，长三角在绿色金融制度、产品、服务等领域的创新实践，有望上升为国家标准；三是从"产业支持"向"系统变革"深化，绿色金融将深度融入长三角区域治理体系，成为推动生产方式、生活方式、空间格局深刻变革的关键力量。

对于本书的出版，感谢上海市哲学社会科学规划办公室和上海人民出版社的支持和帮助，感谢本书编辑的辛苦付出。受时间及水平所限，本书若有存在的疏漏及不足，敬请广大读者批评指正。

作　者
2025 年 4 月

图书在版编目(CIP)数据

绿金相融 : 长三角绿色金融发展创新 / 李志青，胡
时霖著. -- 上海 : 上海人民出版社，2025. -- ISBN
978-7-208-19290-4

Ⅰ. F832.75

中国国家版本馆 CIP 数据核字第 20245Q6V80 号

责任编辑　刘　宇
封面设计　汪　昊

绿金相融：长三角绿色金融发展创新

李志青　胡时霖　著

出　　版　上海人民出版社
　　　　　（201101　上海市闵行区号景路 159 弄 C 座）
发　　行　上海人民出版社发行中心
印　　刷　上海中华印刷有限公司
开　　本　787×1092　1/16
印　　张　13
插　　页　2
字　　数　144,000
版　　次　2025 年 6 月第 1 版
印　　次　2025 年 6 月第 1 次印刷
ISBN 978 - 7 - 208 - 19290 - 4/F・2901

定　　价　58.00 元